トランプ・インフレが世界を襲う

日本の株高、円安、金利高はとまらない！

朝倉慶
Kei Asakura

ビジネス社

はじめに

「これは史上最大のカムバックであり、自らの命を危険にさらしながらも政界の既成勢力全体に抗うものだ。おかげで世界はより良いものとなった。今は自由の風が吹く、より強くなっている」と、アルゼンチンのハビエル・ミレイ大統領はドナルド・トランプ氏の私邸フロリダの〈マーアーラゴ〉で開催されたパーティーの壇上でトランプ氏を称賛、今回の選挙での勝利をたたえました。ミレイ大統領は世界の首脳のなかで初めてトランプ氏と面会、その蜜月ぶりを披露したのです。一方で必死に面会を模索していた石破茂首相は今回、トランプ氏と面会することはできませんでした。安倍元首相亡き後、強烈な個性を持つトランプ氏と日本の首相が上手くやっていけるかどうか心配なところです。

このミレイ氏ですが、自由主義を標榜して徹底的に規制緩和や財政カットを推し進めてきました。2023年11月アルゼンチン大統領選挙でミレイ氏が勝利した時、トランプ氏は祝辞を送り「ミレイ氏はアルゼンチンを好転させ、真に偉大にするだろう」と述べていたのです。そのアルゼンチンは一般的に経済が破綻してハイパーインフレになっていたことで知られています。そんな国の株価はこの5年で52倍、過去16年でみると実に2000倍になりました。

一方、同じくインフレに苦しんでいたことが知られているトルコでも株価はこの5年で10倍、過去16年間をみると41倍になっています。

一般的に国がインフレになり、経済破綻に近づくとその国の株価は暴落しているようなイメージを持つ人が多いと思います。ところが現実は逆で経済が悪化して中央銀行がそれに対処するため補助金を連発し、貧困層に現金をばらまいて、その国の通貨を大きく下げてしまいます。結果、その国の株価は自国の通貨の価値の減価を受けて大暴騰してしまうのです。

現在の世界はどの国の人びとも物価高に苦しんでいます。トランプ氏は「4年前より生活は良くなったか?」と問いかけ、これが人びとの心に響きました。物価高で生活が困窮してきた国民は迷わずトランプ氏に投票したのです。日本では国民民主党の「手取りを増やす」のキャッチフレーズがSNSを通じて大きく拡散、選挙では予想を大きく上回る得票を得ました。欧州では極右政党と極左政党が大きく支持を伸ばしています。彼らの主張は一緒で「もっと税金を下げる、もっと収入を増やす」政策を実行するということです。つまり世界のあらゆるところで、緊縮政策は嫌われ、国民受けする減税や補助金の増額などばらまき政策が花盛りなのです。これが選挙民に受けて、うまいイメージを作り出した政党が大勝する構図です。

いったい財源はあるのですか? ないです! でも、ばらまき政策を続けるしかありません。だってどの国も一緒です。そして世界の中心、米国ではトランプ氏が当選、減税の延長や関税の引き上げなど、これまたインフレを加速する政策を行うことが決定的です。

米国の債務残高は5000兆円を超えてきました。利払い費は140兆円超と日本の国家予算を超えてきています。さすがの米国もこの利払い費をまかなうためには追加的な国債発行を行うしかありません。こうして日本だけでなく世界どこでも例外なく、国債を大量に発行して借金を重ねて、そして経済を押し上げていく政策が取られ続けているのです。その甲斐あって株価はどこの国でも今年、史上最高値となりました。

史上最高値を取るような絶好調の経済なのに、なぜ人びとは苦しいと悲鳴を上げ続けているのでしょうか？　まさにインフレです。どの国も例外なくインフレで物価上昇が止まらない。現在、多少は上昇が収まったとはいえ、物価が元の水準に戻るはずがないのです。

そして米国第一主義を掲げて選挙で圧勝したトランプ氏は第1次トランプ政権時とは違って自らの思い通りに政策を推し進めることでしょう、司法、軍、情報機関を抑え、権力を盤石なものにして、独裁的な政治体制を作っていくことでしょう。いよいよ本当の意味で米国においても民主主義の危機が訪れるかもしれません。一方で米国は関税を大幅に引き上げそうです。結果、世界経済が大混乱に陥っていく可能性があります。またトランプ政権は中国を敵視する姿勢が鮮明です。今後の米国と中国との関係は決定的に悪化していって、まさに米中の経済はデカップリング、お互いがお互いなしで自らの経済圏を構築しようとするでしょう。

これは自由貿易を死滅させ、世界の物価を大きく引き上げる要因となります。さらにトランプ氏は米国の金融政策の中枢であるＦＲＢに対しても大きな圧力をかけることとなるでしょう。ＦＲＢのパウエル議長の任期は２０２６年5月までです。その前までにトランプ氏とＦＲＢが深刻な対立を引き起こすことは必至でしょう。内にこもる米国はもう世界の面倒をみようとは思いません。トランプ政権はどの国も「自国第一主義でやってくれ」と突き放すことでしょう。

こうして世界での協力や協調は消えて、無秩序で自分勝手な世界がやってきます。気候変動はさらに激しくなって、物価がどの国でも予想を超えて大きく上がり、そしてどの国も怒涛のマネー印刷を続けて、その国の通貨ベースでみると各国の株価が上がり続けるでしょう。

混乱とカオス、対立の時代です。秩序がないのです。どの国も苦しいのです。どの国の国民も不満だらけです。どの国の政治家も本当の意味での解決策を見い出せないのです。かような中、世界的なインフレを止めることはできません。どの国民も苦しいので減税、補助金、給付金を求め続ける、いわばインフレ政策を求め続けるのです。「インフレになったのにインフレ政策を求める」。これは本来矛盾なのですが、これこそ時代の大きな流れで止めようのない大波なのです。誰も止めることができないのです。限界に行きつくまでは……それは政治が機能しなくなったアルゼンチンやトルコと一緒です。驚くような市場の激変と混乱が待っています。それは株価の暴落でなく、現金の暴落、すなわち世界を襲うのはインフレの高騰なのです。

第2章 なぜトランプは独裁を目指すのか

第3章 インフレに火をつけるトランプ政権の経済政策

第4章 ドイツ分断と欧州危機、そして台頭するBRICSとロシア

第5章 日本の衰退 社会主義的政策とインフレ格差の正体

序章

悪化し続ける日本の財政

最も懸念されるべき局面に

「国民が必死に努力した結果、ここまで来た。持続的な形ができるように努力する」――7月29日、当時の新藤経済再生相はプライマリーバランス（基礎的財政収支）黒字化の道筋ができたことに胸を張りました。年中行事のように財政危機が叫ばれ続けている日本ですが、内閣府は2025年度にプライマリーバランスがGDP比0・1％の黒字に転じると試算したのです。

プライマリーバランスとは基礎的財政収支のことで、財政健全化をみる上で最も重要な指標とされています。プライマリーバランスは社会保障費や防衛費や公共事業などの政策経費が国として借金に頼らずにまかなえているかどうかを示しています。

日本の財政は赤字続きで国債発行に頼り、これら基礎的な財政経費が国債なしにはまかなえない状態が恒常化していました。ところが昨今のインフレによって国の財政はついに均衡化、プライマリーバランスが来年度に黒字化すると言うのです。一見するとアベノミクスによる経済活性化でやっと目にみえる効果が出てきて、日本の財政の先行きに光明が差してきたように思えます。

ところが実体はまったく逆です。日本の財政は限りなく膨張を続け、とめどなくなりつつ財政破綻に近づいていくように思えます。この日本の財政に対する論議は巷でも盛んですが、朝倉は誰が総理になろうが日本の財政は拡張を続け、最終的に深刻な事態に陥っていくことは避けられないと思っています。

まずプライマリーバランスの黒字化は、この局面ではほとんど意味を持ち得ないことを認識する必要があります。プライマリーバランスは基礎的財政収支の黒字化ということです。ただし、これには金利分は含まれていません。

日本はここにきていよいよ金利のある普通の世界に入っていくわけです。金利がつく時代になっていくのに、金利を考慮しないプライマリーバランスで財政が黒字化になったと喜んでいいのでしょうか?

金利分を考えなくては何にもなりません。自分が個人で借金したことを想定すれば当然のことですが、返済には金利分が上乗せされるわけであって、この金利を無視した返済計画など存在しないのです。

日本の財政を考える場合、問題はインフレ下で金利が上昇する局面に入って、これからどのように展開していくのか? つまり「日本の財政は最も懸念されるべき局面を迎えてきた」という危機感を持つことが一番重要なのではないでしょうか。

ゼロ金利下での利払いと、財務省の甘い試算

日本の借金の推移をみてみましょう。バブル崩壊時の1990年、日本の国債発行額は166兆円でした。それが35年経った現在、1082兆円と6・5倍に膨れ上がりました。1991年の利払い費は11兆円でした。この当時は政策金利が6％台だったからです。

ところが日本は低金利どころかゼロ金利のおかげで、ここまで借金が増え続けても利払い費はほとんど増えることはありませんでした。利払い費は増えるどころか減ってきたのです。

驚くべきことですが、日本では借金である国債発行は怒涛《どとう》のように増え続けてきたのに、その利息である利払い費は減り続けてきたのでした。

国債の利払い費をみると、先に書いた1991年度が11兆円に対して2013年度は8・1兆円でした。そしてその後10年経った2023年度は7・4兆円なのです。信じがたいと思いませんか？　この現状！　国債の発行額が6・5倍にも膨らむ中で、利払い費は継続的に減り続けてきたのです！

ところが40年ぶりにインフレ転換が始まった日本では、いよいよ本格的な金利上昇が始まってくるわけです。こんな膨大な借金を抱えているのに、こんな恐ろしいことがあるでしょうか。

財務省も金利上昇に備えて、試算段階で国債の利払い費を高めに見積もるようになってきました。2025年度の国債費は28・9兆円で前年比7％増、そして利払い費は10・9兆円と、これは前年比12・8％増と急伸させたのです。

財務省は国債の想定金利を2・1％としました。この金利想定は現在の国債金利1％弱を考えれば、あまりに高めに見積もっているように感じますが、そんなことはないと思います。国の財政の根幹に関わる重要な部分ですから、多少保守的に高めに見積もって当然と思います。

この国債の利払いの想定金利の試算は、通常、直近の10年債利回り（長期金利）の平均利回りに1・1％を上乗せして決めています。金利上昇局面に入った現在では当然の試算で妥当と思います。その結果が2025年度国債の利払い費10・9兆円となったわけです。これは遅かれ早かれ日本において訪れることは必至と思います。それどころか下手をすると日本のインフレが激化して、金利が想定以上に上昇する局面が生じても少しもおかしくないのです。

ちなみに財務省は2033年度の利払い費を19・6兆円と見積もっていますが、今後の日本のインフレ加速を想定すると甘い見積もりだと思います。

そもそも、なぜ1990年に166兆円だった国債発行額が1082兆円と驚くべき増加にまで至ったのか？　という現実を振り返る必要があるでしょう。これは、日本全体で完全に財政への危機感が消滅しているから起こったことです。日本はいったい、いくらまで借金が可能なのか？　国としてインフレに至る壮大な実験を行っているようなものでしょう。

そしてついに40年ぶりにインフレが到来してきました。その到来によって見せかけ上はプライマリーバランスが黒字化する試算が出てくるという効果も現れました。しかし本当に怖いのは、これから起こることでしょう。金利がつく世界とはどんな世界なのか？　日本人全体がその脅威を身に染みて感じるようになるのはこれからなのです。

そもそも日本では歳出がとめどもなく増え続ける一方なのです。これは、誰が考えても誰が総理になっても変えることのできない現実です。

確かにこの2年、インフレ下で国の税収は潤いました。２０２３年度の税収は72兆円となり、税収は4年連続で過去最高を記録しています。そしてこの4-6月の日本のＧＤＰはついに６０７兆円と、６００兆円を突破しました。次いで7-9月のＧＤＰは６１０兆円となりました。円安によるインフレの顕在化が名目のＧＤＰを押し上げました。

日本全体を見渡せば、ＧＤＰの劇的な増加にみられるような景気好転の高揚感はないでしょう。ＧＤＰの推移を振り返ってみると、リーマンショック前の２００７年は５３８兆円でした。それが現在６１０兆円ですから、日本のＧＤＰはこの17年で約13％増えたこととなります。

ではこの間、国の歳出がどのくらい増えたかと言うと、実はここ数年国の歳出は２００７年時に比べて50％近く増えているのです。あまりに激しい歳出増と思いませんか？　特に酷《ひど》かったのが、2020年と2021年です。この時は補正予算を含むと、日本の年間の歳出額は140兆円を超えてきたのです。

現在では通常予算で100兆円超、さらに補正に次ぐ補正の策定が当たり前のようになっていきました。リーマンショック、東日本大震災、コロナショックなど度重なる想定外の事態によって日本の予算規模は限りなく膨らむ一方で、そのほとんどを国債発行でまかなってきたのです。そして国の予算規模は一度膨らむと、その規模で当然のことのように思われるようになって、基本的に歳出が減ることがなくなってしまったのです。

膨張が避けられない3つの要因

①社会保障費

かように予算が拡大することに対して日本中が何の警戒感もなくなってきていることも大きな問題と思います。それと同時に、予算自体がどうしても縮むことができないという、切羽詰《せっぱつ》まった現実もあります。例えば社会保障費を考えてみてください。高齢化が進む一方の日本で社会保障費の拡大が止まるわけがないのです。

社会保障費の劇的な増加を振り返ってみましょう。1990年の社会保障費は11・6兆円で日本の予算における歳出規模の17・5％でした。これが35年経った現在、２０２４年度は37・7兆円と、１９９０年比３・３倍となりました。この額は、ついに歳出規模の33・５％にまで膨れ上がっているのです。これは止めようもありません。日本人全体が長寿になり、最も人口が多い団塊の世代がいよいよ75歳超になり、出生率は激減して子供は減る一方です。

結果的に今後も若年層の人口は減少、働き手であるいわゆる生産年齢人口は劇的に減っていくわけです。社会保障費はうなぎ上りに上がっていくでしょう。これを止めるすべはありません。

②防衛費

さらに社会保障費に次ぐ大きな歳出である防衛費は、今後、劇的に拡大していきます。２０２５年の防衛費の概算要求額は８・５兆円と、前年比７・４％増で初めて８兆円台に乗せました。防衛費に関しては米国からの要請と昨今の世界的に軍事的な緊張状態を鑑《かんが》みて２０２３年～２０２７年度まで総額43兆円支出することが決まっています。防衛費の予算削減の余地はありません。

しかもこの防衛費は２０２２年に決めたものなので、その後の円安によってドル換算でみると大きく目減りしています。トランプ新政権が防衛費の拡大を強く迫ってくることは必至で、43兆円という額は大きく増えるのみで減ることは考えられません。

③利払い費

さらに、これに金利上昇による国債の利払い費が上乗せされてきます。これら社会保障費も防衛費も国債費も、増えることはあっても減ることはあり得ないのです。

国債買い入れ減額のインパクト

かような中、7月31日、日銀は「国債の買い入れ額を月間6兆円から3兆円に減らす」と発表しました。この日銀の発表と同時に利上げを行ったために、株式市場が暴落するというパニックが起こりました。このため予想外の利上げ決定ばかりに焦点が集まっています。結果、国債買い入れ減額の話はほとんど話題にもなっていません。

もっとも6兆円から3兆円に減額すると言っても、それは2026年1-3月までにということです。日銀の発表では4半期ごとに4000億円ずつ国債の購入額を減らしていくということなので、市場に大きなインパクトはなかったわけです。

しかしながら、じっくり考えてみると、この日銀による国債買い入れ減額は今後、相当のインパクトを持って、時間の経過とともに市場を揺るがしてくるでしょう。朝倉は、結果的に6兆円から3兆円への減額はとん挫するとみています。というのも日銀が予定通り国債購入を減額していけば、2年で日銀の国債保有額は40兆円ほど減ります。

また、今後2年間70兆円に上る新規の国債発行が予定されています。ということは、今後2年で40兆円と70兆円を足した110兆円に上る国債の買い手を新たに探す必要があるわけです。いったい日本国債の買い手がいるのでしょうか？　というのも今後、金利が段階的に上がっていくことが想定されています。金利が上がるということは、言葉を換えれば「国債価格が下落する」ということになります。

仮に国債金利が2％になっていくと考えれば、誰が現在の国債を購入するのでしょうか？例えば長期金利である10年物国債の金利は、一度決まったら10年間変わりません。投資家は、金利が0・5％の時に購入してしまうと10年間、毎年0・5％の金利しかもらえません。

しかも、その金利が今後、上昇していくのです。仮に2％まで上昇していくと考えられれば、0・5％の国債など投げ売りしたいところでしょう。少し待って、預金金利が上がって2％になれば、毎年2％の金利をもらえるのに、どうして金利が上がる前の現在の低い金利で国債を購入する必要があるのでしょうか？

投資家は当然、合理的に考えるわけです。株だって、今後下がると予想するのに買う投資家はいないでしょう。国債など債券も同じで、「金利が上がる＝債券価格は下がる」のですから、なかなか購入する投資家をみつけるのは難しいわけです。金利の天井感が出て初めて国債などの買い手が現れるのです。現在の日本では、金利を上げ始めた最初の段階ですから、相場的に考えると国債などの買い手が現れないところなのです。

①海外投資家

財務省は国債を日銀が買わなくなることを見越して、新たな国債の買い手を探すことに必死です。しかしながら思うように買い手がみつかりません。財務省は国債市場特別参加者、いわゆるプライマリーディーラーに対して、日本国債の海外投資家向け広報の強化に向けて協力を呼びかけました。財務省に言われては国内の機関投資家はじめ金融機関は逆らうことはできないでしょう。

これらプライマリーディーラーの中で、日本国内の金融機関はじめ12社は財務省による国債買い入れへの協力要請に同意しました（本心かどうかわかりませんが）。ところが、外資の金融機関は財務省の協力要請に首を縦に振りませんでした。国債の取引を扱っていた外資系金融機関、ゴールドマン・サックスやドイツ銀行は財務省の協力要請を蹴ったのです。

そもそも日本国債は海外投資家にとって決して魅力のある投資対象ではありません。米国債であれば4％の金利がつくのに日本国債は1％程度。しかも今後、日本では金利が上がってくる可能性が高く、国債への投資は将来的に損失を被る可能性が高い。そうはいっても日銀が買わなくなった穴埋めに、どうしても海外投資家の購入を期待したいのが財務省の本音でしょう。

一方で、海外投資家に日本国債を購入してもらうのには大きなリスクもあります。現在、日本国債は日銀が53％、海外勢は13％ほど保有していますが、売買でのシェアをみると海外勢が5割に達しているのです。その海外勢がさらに日本国債を購入してくれれば、ますます値段の上下が激しくなってくるでしょう。彼らは国内勢のように日本の当局の意向を気にせずに売買しますから、当然、国債市場の急落（金利急騰）など波乱も起き得ます。

②銀行・生保

こうみると財務省が本当に頼りにしている新たな買い手と期待するのは、国内の銀行や生損保です。しかし銀行も国際的な規制によって「自己資本における金利リスク量の割合を一定以下に抑えなければならない」のです。実際は銀行もかつてのように国債を大量に購入できる環境ではないのです。

また、生損保の新たな国債購入も難しいのが実情です。生損保も高齢化によって保険残高は減少に転じていて、解約リスクが増える可能性があります。生損保の国債需要が増加するという単純な流れになっていかないのです。

短期に絞った買い入れ減額

このような国債消化が極めて難しくなっていく現実を、財務省も重々承知していることでしょう。かような中、今回の日銀による国債買い入れ減額の話は、日銀と財務省で十分検討された結果として出てきた話と思います。であれば、何か対策を用意しているはずです。その苦肉の策が、実は日銀による国債買い入れ減額計画の詳細に現れています。

どうなっているかと言うと、日銀は確かに国債買い入れを6兆円から3兆円に減額していく計画です。その内訳は、ほとんど年限の短い中期債や短期債となっているのです。超長期債である10年物国債以上の長期の国債の減額は行わない予定です。

日銀、財務省としては、これであれば何とか日本の銀行やさまざまな機関投資家の国債需要はあるはずという考えです。実際、この金利上昇の局面では10年物以上の超長期債は買いづらいところです。しかしながら2~3年の短期償還の国債であれば、金利上昇のリスクは少ないわけです。投資する側としても、たとえ金利が上昇しても、投資した国債が2~3年で償還になれば大きな問題はありません。

このような需給の観点から日銀の国債買い入れの減額計画は、償還期間が10年以下の国債に絞っているのです。となると、7月31日に公表されたのは国債買い入れ減額ということですから、表面上は日銀がしっかりと引き締めに転じているようにみえるわけです。これが市場では評価されて瞬間的に円安から円高への動きが生じました。これは日銀や財務省の思惑通りです。

しかしながら、国債発行の柱となっている10年物国債の日銀による買い入れ減額がなく、それ以上の20年30年40年物など、超長期国債の買い入れの減額もなければ、本当の意味での金融引き締めとなっていません。これら日銀による10年超の超長期国債買い入れ額は減額せず、買い入れ額は変わらないので、長期金利に必要以上の上昇圧力はかからないのです。

しかし短期の、かように大量の国債を発行し市場での購入を目指してもらえば、これらの国債は短期で償還となりますから、発行体である国は金利が上がればその影響を即座にもろに受ける問題となります。

超長期の国債であれば、たとえ市中金利が上昇しても、発行している国にとって支払う金利は変わりません。ところが、次々と償還が来る短期の国債が大量に発行されれば、市中金利が上がる影響を即座に受けて、あっという間に利払い費が拡大していくのです。

金利が上がれば2~3年償還の国債の買い手は現れるでしょうが、それは金利上昇による利払い費の拡大を通して日本の財政負担を一気に拡大させることとなるわけです。そして最終的に、その金利分をまかなうための追加的な国債発行に追い込まれていきます。こうなると、国としてますます国債の買い手を広く探す必要が生じてきます。

これは本当に難しい作業です。将来は国債の供給が増えすぎて、国債を購入する投資家がみつけられないという悲惨な事態に追い込まれることでしょう。結果的に需給のバランスから国債の価格が低下する。要するに金利の高騰は避けられなくなるでしょう。これが最終的に日銀の国債買い入れ減額計画をとん挫させることになると思います。

結局は時間の問題で、「日銀は国債買い入れ減額の方針を放棄して、反対に国債買い入れ増額に追い込まれる」と思います。真の意味での日本の混乱は、そこから始まってきます。日銀が国債買い入れ減額の方針を放棄して再び国債買い入れの増額に走り出した時点から、日本に激しい円安基調とインフレが襲いかかってきます。

凪《なぎ》のように落ち着いているのは、これからの当面の期間だけでしょう。日銀の国債買い入れ減額がどのように進んでいくか、この行方を最も注目しなければなりません。日本全体を揺るがすような大混乱がじわじわと迫っています。

第1章

日本の株高がまだまだ続く本当の理由

日経平均4万円と日本版ブラックマンデーの真実

「辰巳天井《たつみてんじょう》」——株の世界ではよく縁起を担ぎますが、株価と十二支との関係を表す格言では、「辰年は最も株価が上昇する年」と言われてきました。

実際、1950年から2022年までの日経平均株価の前年比騰落率をみても、辰年は平均で28・0%の上昇と、他の年を圧倒して断トツの上昇率を記録してきました。これに続くのがねずみ年の22・5%、いのしし年の16・5%、そして昨年のうさぎ年の16・4%となります。

ちなみに各年の平均の上昇率は10・8%となっています。今年は米大統領選とオリンピックイヤーが重なっていることもあり、客観的に株価が上がりやすい要素があります。日本の場合、足元でデフレからインフレへの大転換、並びに今年から始まるNISA枠の3倍増など、株価を押し上げる大きな変化が起こってきたことも見逃せません。

朝倉は一貫して日本の株価の先行きに対して超強気ですが、今年はいよいよ日経平均が1989年大納会の3万8915円を抜いて4万円に乗せるとみています。

以上のように朝倉が毎月2回発行しているASAKURA経済レポートに書いたのが今年

（2024年）の1月4日（208号）のことでした。実際に日本株は年初から予想を超える大幅上昇となり、2月22日時点で日経平均はそれまでの史上最高値、1989年12月29日に達成した3万8915円を抜いて、ついにバブル後の史上最高値更新となったのです。

その後も上昇の勢いは止まらず3月21日には4万円乗せ、3月22日にはザラ場で4万108円までつけました。その後、反落して4月19日には3万6733円まで下がったものの、即座に切り返し上昇を再開、7月まで上がり続け7月11日、まさに7月のオプションSQ前日の木曜日に4万2426円の高値をつけたのです。

この後にドラマがありました。この時のドル円相場は161円台、たまらずこの日の夜22時半過ぎ、政府日銀はドル売り円買いの為替介入を実施したのです。この経緯に関してはユーチューブ「朝倉慶チャンネル」を通じてヘッジファンドの暗闘や日銀の思惑など相場の真実と思える表や裏の要因を詳細に分析して話しました。

虚を突いた政府日銀の為替介入は効きました。一気に円相場は急騰して、日経平均も大きく下落となりました。この日本時間夜半の為替介入を契機としてドル円相場の流れも変わり、同時に株式市場も調整局面となりました。やはり円安で日本の企業業績が水増しされていた部分もあり、そこまでの流れが逆転、今度は円高、株安という流れが生じてきたわけです。日本株は年初からほぼ一本調子で上昇してきたわけで、その反動も大きかったと思います。政府日銀として〈過度な円安は放置できない〉という強い意志をみせました。

また日本中で円安がインフレを必要以上に加速させるという危機感が広がってきたことも政府日銀が為替介入に至った大きな理由でしょう。4月の段階では日銀の植田総裁は「円相場の物価における影響は無視できる」と発言して、それを契機に一気に円安が進んだのですが、さすがに160円に達するドル円相場は日本の物価に悪影響を及ぼすという声が各方面から広がってきたわけです。政府日銀としても、かような国民の円安に対しての悲鳴は無視できないと考えたのだと思います。

その後、円安阻止は日本政府の方針としても大きな課題となってきたわけです。このような中、日銀は7月30日の政策会合において、市場の予想を覆して0・25％の利上げを発表しました。明らかに円安対応を意識したものと思われます。しかも日銀の植田総裁はこの時の記者会見で今後も粛々と利上げを続ける方針を示したのです。これに驚いたのが市場です。

日銀は当面ハト派で利上げはかなり先とみられていたのに、市場の予想に反して利上げを断行し、さらに今後も利上げの手を緩めない姿勢を鮮明にしたわけです。

これで市場はパニック状態に陥りました。今まで長期間にわたって日銀は一貫して緩和政策を続けてきたわけで、基本的にその姿勢は変わらないと思われていたのです。

しかも同時に米国のＦＲＢが利下げ姿勢を鮮明にしたのです。となると今後、米国は利下げ、日銀は利上げと、はっきりと今までと違うコントラストができ上がりました。

問題は日銀が当面金融緩和を続けていくに違いないと踏んで、大量の円売り日本株買いのポジションを構築していた海外のヘッジファンドをはじめとする投機筋の動向でした。彼らはドルを貸して日本円を借りることによって大きな金利差で利益を上げていました。その調達した円で日本株を購入して、ダブルで儲け続けてきたわけです。業界用語では円のキャリートレードといい、これが史上最高の水準にまで膨れ上がっていたのです。というのもこの円のキャリートレードはほぼ十数年にわたって儲け続けてきた、基本的な取引のスキームです。この取引で基本的に損失を被ることがなかったのです。米国は利上げで金利が上がる一方でしたし、日銀はゼロ金利を続けていたので、こんなおいしいトレードはなかったわけです。そして当面、日銀が本格的な利上げに転じることはあり得ないと考えられていました。

その日銀がこともあろうか利上げを断行して、利上げ方針を今後も続けるというのです。これにはヘッジファンドはじめ海外の投資家は大きなショックを受けたわけです。そして一気に今まで積み上げてきた海外投資家たちのキャリートレードの巻き戻しが一斉に噴出し始めたのです。

それに敏感に反応して流れを増幅させたのが、超高速での1000分の1秒単位で動くコンピューター取引でした。このコンピューター取引が8月5日の段階で完全に暴走を始めてしまったのです。ヘッジファンド勢が海外勢から出てくる大量の売りものを捉えて一気にそれに乗って、さらに数倍の売りものをＡＩの指示に基づいて大量に瞬時に執行し続けたわけです。これではたまりません。売りがパニック状態となって狂ったコンピューターはとどまることなく、売りが売りを呼ぶ大暴落が日本市場を舞台にして起こってしまいました。

まさに日本版ブラックマンデー。コンピューター取引、人間の手を介さない市場の暴走が止められなくなったのです。日本の個人投資家もかような大暴落がまさか日本市場で起こるとは、誰も想像すらしていませんでした。

ところが信用取引などでは投資していた株が必要以上に下がれば、追加保証金の受け入れを要求されます。この暴落では、あまりの短時間の大暴落でこの追加保証金の受け入れの要求に応じる暇もなかったようです。よって市場全体に投げ売りがパニックのように殺到することとなりました。まさに8月5日、日本の株式市場は阿鼻叫喚《あびきょうかん》となりました。誰もがパニックとなって売りに走ってしまいました。同日、日経平均は３万１１５６円の安値を付けたのです。その日の下げは史上最大の４４５１円となりました。まさに日本の株式市場で起こりえなかった史上最大の下げ、日本版ブラックマンデーが起こったのです。

日経平均は7月11日の高値４万２４２６円から8月5日まで、わずか1カ月弱で１万１２７０円の下げ、26％の大暴落を演じたわけです。完全にこの動きは異常でした。

朝倉は即座に「これはコンピューター取引の暴走であり、戻りは限りなく早い」と全国に向かってユーチューブで発信しました。日本の冠たる主力株がほとんどすべてストップ安を演じるなど本来あり得ないことです。こんなバカげた下げは事故でしかないと思ったからです。

過去の株価の大暴落のケースは、ほぼ100%金融問題から起こってきています。1929年の世界大恐慌では、当時の米国の銀行が次から次へと潰れていきました。また日本の1989年からの株価の大暴落でも6年後の1995年には住専問題で金融に飛び火していきました。

さらに金融問題が拡大して1997年から1998年にかけた北海道拓殖銀行の倒産、三洋証券、山一證券の倒産、日本長期信用銀行、日本債券信用銀行の倒産と金融機関の倒産がラッシュとなっていきました。バブル崩壊、不動産の暴落、最後は金融機関の倒産と株価が大暴落していく様は常に一緒のパターンです。ちなみに現在、その大暴落パターンに突入して逃れることができないのが中国です。中国は共産党政権で根本的な経済問題の解決を限りなく延ばし続けているので、最終的に経済が崩壊していくことを止めることはできないでしょう。

一方、2008年に起こったリーマンショックも暴落が起こる典型的なケースでした。ここでも不動産バブルの崩壊から、一気に米銀すべてが実質的に倒産するという、とんでもない事態にまで発展していったのです。朝倉はリーマンショックの発生を予言して、世の中に出ることができました。その意味では朝倉は株の暴落のパターンと前提条件を熟知していると思っています。すべての株の暴落は不動産価格の大暴落と一緒に起こって、必ず銀行の倒産を伴うものとなっていきます。これを防ぐ手段は難しく、迅速に処理するためには不良債権をあぶり出して公的資金を導入して、社会の大混乱があっても思い切った政策を打ち出すしかありません。それが歴史が教えているところなのです。

リーマンを潰した翌日、世界最大の保険会社ＡＩＧが倒産となりました。債務保証していたためにリーマンが倒れた瞬間に、その債務が払えるはずもなく一夜でＡＩＧも経営危機に陥ったのです。この時、米国のＦＲＢはＡＩＧに日本円で10兆円に上る緊急融資を行いました。それとともに米銀のほとんどに対して金融融資を1兆円単位で実行しました。さらにＧＭ（ゼネラル・モーターズ）を潰し、住宅ローン会社であるフレディマック、ファニーメイに公的資金を導入して救済したのです。

日本では先に書いた大手金融機関を潰した一方で、全金融機関に公的資金を導入しました。これで金融危機が収まったわけです。かように株価の大暴落と、その継続はすべてのケースで金融危機を伴うものなのです。

繰り返しますが、その典型的な暴落ケースに当たるのは現在の状態で中国のみです。中国は確実に経済破綻に向かっていくはずです。不動産会社を潰して不良債権をあぶり出して国営銀行を潰して、国家が国の存亡を賭けて銀行に天文学的な公的資金を導入しなければ、中国経済が復活することはあり得ません。それは世界の暴落の歴史をみれば明らかなのです。

ところが日本で8月5日に起こった株価の大暴落はそのような経済の根本的な問題、ましてや金融危機を伴ったものではありませんでした。まさにコンピューター取引の暴走による事故だったのです。相場の戻りが早いのは当たり前で、朝倉の予想通り日本の株価はV字型の戻りとなったのです。

日経平均は大暴落から1カ月弱経った9月2日には3万9080円まで戻しました。その後再び下げて9月9日の3万5247円と11日の3万5253円を底にして完全にチャート上の二番底を形成することとなりました。今後は当然7月11日の高値4万2426円を抜く流れに入っていくと思います。

新時代の到来も株保有率は日本人の10%以下

株が史上最高値を取った時点のムードを振り返ってみましょう。当時は「日経平均34年ぶり史上最高値」と新聞の一面に、「これでもか」というほど大きく株高の文字が躍っていました。それとともに連日、株式に関しての報道も増えていきました。

日本企業の業績の好調で勢いがついてきた日本の株高は、簡単に収まらないというムードに包まれていて、証券各社は相次いで日経平均の目標株価を上方修正をし始めていたのです。

一方で当時の日本全体をみると、歴史的な株高に対して冷めた目が多いムードでした。「株高？　好景気の実感がない」という街の声が大勢だったように思えます。バブル時代は株高とともに日本全体が好景気にあふれていたのに、今回の株高に関しては、「どうもピンと来ない」という人ばかりのように思えます。

テレビをみても新聞をみても、確かに株高が報道されているのに「株高はバブルではないのか？」という疑念の声も聞かれます。一方、かような「株高はバブル」という声に対して経済や株の専門家は揃って、「今回の株高は利益を伴っているので妥当であり、決してバブルではない」と反論しています。

いずれにしても「34年ぶりの史上最高値奪還」という歴史的な快挙があった割には、日本全体の雰囲気は良く言えば冷静、悪く言えば冷ややかです。これは多分に日本で多くの人が株高の恩恵を直接的に感じていないことが大きいと思います。

というのも、日本人の金融資産の半分強は現預金です。具体的にみてみます。日銀が9月19日発表した2024年4-6月期の資金循環統計によると、日本の家計金融資産は2024年6月末時点で2212兆円です。これは3月末の2199兆円から13兆円増えています。内訳は現預金が1127兆円で全体の51％と引き続き高水準です。このほぼゼロ金利の日本でお金を金利がほとんどつかない現預金に１１２７兆円も置いてあるとは、狂気の沙汰としか思えません。長いデフレ時代に慣れ切った愚かな資産運用の典型だと思います。

時代はデフレからインフレへと明らかに状況が変化しつつあるのに、多くの日本人は今までの流れが続くと勘違いしています。そして来るべきインフレ時にパニックになって政府に声高に文句を言って「インフレを何とかしろ」と叫ぶようになるのでしょうか。日本人は今までのデフレが永遠に続くとでも思っているのでしょうか？

「賢者は歴史に学び愚者は体験に学ぶ」と言いますが、多くの日本人はこれから訪れるインフレがいかに激しく恐ろしいものか、まったく気に留めていないようです。時代の変化は残酷で強烈です。昨今の日本の物価上昇をみれば何かが変わってきたことを感じ取らなくてはなりません。多くの日本人に必要なことは現実をしっかり見据えることだと思います。物価上昇に対して政府に文句を言うより自らその変化を捉えて、この劇的な時代の変化に対していかに生き抜くべきか、自分の頭でしっかり考えるべき局面がきていると思います。

さて日本の金融資産については、６月末で株式等は３０１兆円と前年同月比で15・６％も拡大しています。これはほぼ値上がりによるものがほとんどと言っていいでしょう。とはいえ東証が毎週発表している投資主体別売買動向をみると、個人投資家は現物株の売り越しが恒常的に続いています。日本の投資家は株価が上がると売る傾向があります。実は金額ベースでみると日本の個人投資家は売り越しの額のほうが多くなっているのです。そしていったん売った株は、さらに上がってしまって買い戻せないケースが多いように感じます。

一方で若い人はＮＩＳＡを通じて株式購入を増やしているのです。しかし日本で最もお金を保有している60歳以上の高齢者は、株が上がったら売る姿勢が鮮明です。日本全体のトータルでみると結局、金額ベースでは現物株で買いより売りのほうが勝っているのが実体です。

特に日本の上場株の保有に関しては金融資産の10％程度でしかありません。これは金融資産に占める金額ベースの全体に対しての割合ですから、日本の個別株をある程度保有しているという層は、日本全体の人口の10％を大きく切っていると思われます。

このように日本において、ほとんどの人が「株高は直接的に自らの資産増加に関係していない」というのが実情です。当然、マスコミも日本人の大多数を対象にしていますから、その報道内容や記事の基調は「株高だが現実とかけ離れて実感が湧かない」というトーンとなります。これは日本人全体が本当に感じている気持ちだと思います。

まずわれわれ日本人が確認すべき事実は、「株価が34年ぶりに史上最高値奪還」という事実が世界史の中で極めて異常な出来事だということです。このように長期にわたった株価低迷は、「世界の歴史上初めて起きたことであり、今後も起こり得ない」という現状認識を持つことだと思います。

株価とは基本的に上がるもので、30年超も高値を抜かないとは本来あり得ないことなのです。「これだけ長期に渡って株価が低迷した異常性」を感じ取ることが、日本人全体に共有されていません。

歴史的長期低迷と過去最高利益の日本企業

世界の歴史をみると、高値奪還までに最も時間がかかったのは、米国の１９２９年の世界大恐慌からの株価高値奪還です。これには第二次世界大戦を挟んで25年も要しました。ＮＹダウが１９２９年の高値を抜いたのは１９５４年、戦争が終わって9年後のことです。当時、米国は世界を引っ張るスーパーパワーで戦争後の好景気に沸いていたわけです。それでも１９２９年のバブルが強烈だったので、高値を奪還するのに25年という途方もなく長い期間がかかったわけです。

基本的に株価が上がり続けるのは当然のことです。かような長い低迷期間は米国の株式市場、ないしは世界の株式市場の中でも異常なことだったので歴史に残っているわけです。

ところが今回、日本株が34年ぶりの高値奪還となったことで、この株価長期低迷の歴史が塗り替えられました。それなのに日本では、「こんなあり得ないことが日本で起こっていた！」

という事実の異常さが、あまりにも感じられていないように思えます。

史上最高値を取った株価をみてバブル時代を体験した多くの市場関係者の中にも「自分が生きているうちに史上最高値を取るとは思わなかった、感無量です」というようなコメントがあふれていました。

これも信じられない感覚だと思いました。株は上がっていくのが当たり前であり、世界の歴史を考えれば日本株がやがて高値を抜いて、その後日経平均10万円とか50万円と発展していくのは当然と思っていたのです。しかし多くのバブルを体験したプロの関係者たちにですら、かような強気の認識がなく、「日経平均が高値を抜くことはない」と感じていたことこそ異常なことと感じました。

よく例に出されるのが、米国株はじめ世界の株式が「1990年からどのくらい上昇したか」です。

- **米国株14倍**
- **ドイツ株9倍**
- **日本株1倍**（やっと高値奪還）

この事実をもってしても「日本経済は世界をけん引する米国経済とは違うし、日本は人口が減り続けるのだから当然の帰結だった」との声があります。それにしても14倍と1倍という格差は異常だと思いませんか？　これだけの格差を普通に受け入れて、その格差が未来永劫まで続くと感じる感性も信じられません。朝倉は一貫してこれら日本株に対しての超悲観論は信じがたいと感じてきました。

「日本は米国経済とは違うので、株価が米国ほど上がらない」とか「人口が減少するので日本株は上がらない」とか「日経平均の最高値奪還は日本経済の現状を映していない」などの「日本株悲観論」は皆、おかしいと思います。

米国経済と日本経済が違うのは当然のことです。

が、それによって日本株が上がらないという話には直結しません。というのも株式は企業業績を買うものです。トヨタは日本だけでビジネスを行っているわけではありません。ソニーも同じく、日本だけで販売を行っているものではありません。東京エレクトロンの株価が大きく上がっているのは半導体製造技術が優れているからで、これは世界的な評価です。その評価の下、東京エレクトロンは世界市場に羽ばたいています。

日本はもともと天然資源がありませんので、資源を輸入して日本国内で付加価値をつけて輸出する加工貿易で国を成り立たせてきました。その中で日本企業の多くは技術力を高めて収益を拡大、業績を飛躍的に拡大させてきたのです。

日本企業、特に有名企業のほとんどは世界展開しています。製造業だけでなくメガバンクなどの銀行も世界展開しています。となれば、日本株が日本経済より世界経済の影響を大きく受けるのも当たり前です。

世界が好景気に沸けば日本企業が恩恵を受けるのは、当然の流れでもあります。その日本企業の業績が飛躍的に拡大して過去最高の利益を上げ続けているのですから、株価が上昇して史上最高値を抜くのは当然のことではないでしょうか？

それなのに「自分の生きているうちに日経平均が高値を取るとは！」と驚く市場関係者の感覚はおかしくないですか？　日本株は日本企業の業績を現わしているのであって、日本国内の経済状況だけを映しているものではありません。業績が良くなれば株価が上がるのは当然で、それが当然のごとく起こっただけに過ぎません。

インフレへの転換と人手不足の大問題

「日経平均の最高値更新は日本経済の現状を映していない。株価と現実はギャップがある」との見方は日本中で広く共有されています。これもずれていると感じます。というのも、株価には先行きを感知する能力があるからです。現状と株価にギャップがあるのであれば、今後、日本経済は先見性のある株価に倣《なら》って、景気が予想以上に好転していくとみたほうがいいのです。

日本はデフレから脱してインフレになろうとしています。

日銀の植田総裁もついに「日本はインフレ状態にある」と、インフレへの転換を認めました。朝倉は今後、日本のインフレは予想以上の勢いで加速してくるとみていますが、そもそもインフレの初期においては、景気は予想を超えて好転するものなのです。

日本でも春闘で予想を超える賃上げが次々と達成されてきました。大企業は2024年の春闘では2023年を大きく上回る賃上げを発表しました。日本製鉄など鉄鋼業界では10％超の賃上げを発表していますし、大企業は軒並み5％を超える賃上げを発表したのです。しかもこの大幅賃上げの加速は、これからさらに勢いを増してくるでしょう。

11月28日、連合は2025年の春闘の賃上げ目標を全体で5％以上、中小企業で6％以上としました。また機械・金属関連の中小企業の労働組合で、組合員39万人をほこる「ものづくり産業労働組合JAM」は賃上げを6・5％と過去最高水準の要求とすることにしました。なぜこれほど大幅な賃上げ要求が続くのでしょうか。インフレが酷いからです。そして大企業においては、日本が国際的な競争に打ち勝つために人材を広く世界から集める必要があり、その人材確保が喫緊《きっきん》の課題だからです。

また日本では今後驚くような人手不足となっていくのが目にみえているので、とにかく優秀な人材を確保したい企業側の切羽《せっぱ》詰まった事情もあるからです。伊藤忠は2025年度の年収を2024年度に比べて10％増にすると発表しました。優秀な課長は年収3620万円、部長は4110万円にするということです。この方針をみれば「これほど給与が上がるのか」と驚くかもしれませんが、これが世界で戦う企業の普通の給与であって、この給与の目立った引き上げ傾向は当然の流れです。各企業とも今後競って給与の大幅引き上げを行っていく傾向と思ったほうがいいでしょう。

かように一流の商社などでも現在は人材確保に汲々としているのが現状なのです。高い給与を提示しなければ人材が集まりませんし、国際的な人材確保の競争に敗れてしまいます。いずれ伊藤忠のこれだけの給与引き上げなど話題にならないほどの人材確保の激しい争奪戦が始まってくるでしょう。

経済同友会代表幹事でサントリーHDの新浪社長は、自社の2025年の基本給を2024年と同程度の7％引き上げると発表しました。この早めの大幅賃上げの継続方針の発表はうまいやり方だと思います。目立つからです、新浪社長としては経済界を引っ張る立場としていち早く大幅賃上げ方針を世間に示して、日本企業の賃上げモードを高めたいという経済界リーダーとしての戦略もあると思います。しかしこれが結果的に「サントリーHDは賃上げに積極的」という企業イメージを作り上げることに成功しています。

いざ来年になれば多くの日本の上場企業が7％程度の賃上げを行うでしょうから、7％程度では大したことはなく、普通となるように思えます。しかし同HDは7%賃上げを最初に発信したことで「賃上げに積極的」という企業イメージができ上がります。他社も結局は春闘で大幅賃上げする流れになると思いますが、これではその会社は他社と大きく変わらないイメージとなります。日本は人手不足ですから何としても優秀な人材を確保したければ、自分の会社のイメージを「どこよりも賃上げに積極的な社員に報いる会社」と作り上げることも必要と思います。

いずれにしても来年の春闘でも日本のほとんどの上場企業は、世間の想定を超える賃上げ発表となっていくでしょう。日本の大企業は毎年最高の利益を叩き出していて、その労働分配率は37%と歴史的に最も低い水準にあるのです、ですから7%程度の賃上げは楽に実行できる体制ができているのです。実際、企業側としても人が採用できないのであれば、給与を続々と上げ続けるしかないわけです。ましてや日本の上場企業は海外展開している企業がほとんどですから、当然国際的な流れ、国際的に常識的な給与を出すのは当然の流れとなっていくでしょう。

2024年、チリの銅山で労働者のストがありました。雇い主のBHPビリトン社は労働者側に一時金として470万円支払うことで合意しました。鉱山労働者の一時金470万円ですよ！　我々が新興国と思って安い給与で働いていると想像していた炭鉱での労働者への支払いがこの現実です。これが世界の流れなのです。

しかも日本は円安傾向なので国際的な比較を考えれば、日本円ベースでみたら驚くような賃上げを継続していかなければ、国際競争に太刀打ちできないのです。

幸いにして10月には日本のインフレ模様も一時より緩和されてきたように思えます。しかし依然予断を許さないというか、物価上昇が加速していく可能性のほうが高いでしょう。10月の日本のコア消費者物価は2・3%の上昇、これで2%超は31カ月連続です。すでに日本は目標と言われていた2%の物価上昇を2年半に渡って達成し続けているのです。10月の生鮮食品とエネルギーを除いたいわゆるコアコア消費者物価は2・3%と、こちらは3カ月連続でプラス幅が拡大中です。

しかも生鮮食品を除く食料は3・8%の上昇、国民すべてを直撃する食料価格は上がる一方です。ついに日本はエンゲル係数が28%と42年ぶりの高水準にまで急騰してG7の中で最も高くなってしまったのです。今後は直近の円安の影響を受けて諸物価の上昇に勢いがついてくる可能性が高いのです。

さらに、この数字は政府によるガソリンや電気・ガスの補助金11兆円の支出に支えられていることを忘れてはいけません。想像してみてください。仮に補助金が支給されなくてガソリン代がリッター200円を超えている事態を。そして電気代、ガス代が今より2~3割高い姿を。このような高いガソリン代や電気、ガス代を受け入れているのが世界の現実なのです。

日本は言い換えれば、11兆円という消費税5％分の減税を実施しているのと同じ状態です。そのような甘すぎる補助策を有しても欧米より物価が高くなっているのが日本の真実なのです！　ですから実際日本は、もはや欧米を上回るインフレ状態と考えなくてはなりません。新興国のようなガソリンや電気・ガスの補助金など永遠に続けられるものではないのです！

この厳しい現実をしっかり頭に入れておく必要があります。インフレは今後収まるどころか加速すると覚悟しておいたほうがいいでしょう。一方、賃金も上がってきています。6月に支給されたボーナスが効いて、日本の実質賃金もやっと水面下からプラスに浮上となりました。これだけインフレ圧力が強ければ、賃金が上がらなければやっていけないわけで、明らかに日本でもインフレ循環、物価高↓賃上げ↓物価高が始まってきたと言えるでしょう。

中小企業の賃上げが懸念されていますが、大企業のほとんどが5％超の賃上げを実施するのに中小企業は賃上げしないわけにはいきません。中小企業も自社が儲かっていようが儲かっていなかろうが賃上げするしかない状況に追い込まれていて、その状態は緩和することなく加速していくのです。中小企業などは大企業のように人材を取ることができません。大企業でさえ人材確保に苦労しているのですから、中小企業では余計に給与を引き上げなければ人材はあっという間に消え去っていくでしょう。

価格や賃金が安すぎた日本にインフレ循環が始まる

かように補助金で無理やり下げても、日本の消費者物価の上昇は3％となっているのです。また、サービス価格の上昇も止まりません。サービス価格は賃金の影響を大きく受けますので今後、下がることなく上昇が加速するでしょう。

そして地価もついに上がってきました。地価は1989年のバブル時に異常な値段をつけ、その後、都市部を除いては大きく上昇することはありませんでした。ところがついに地価も日本中で上がり始めたのです。まさに現在の流れは、日本のインフレが本格的になる助走段階と思われます。全国の地価をみると、地方でも32年ぶりに上昇に転じてきています。東京、大阪、名古屋の3大都市圏では、2024年は前年比4・6％の上昇と2023年の3・1％の上昇から上昇に加速がついてきています。

当然マンション価格の高騰は、それ以上です。2024年1-6月の首都圏の中古マンション価格は、前期比8・8％の上昇と23期連続の上昇となりました。

特にオリンピックの時に選手村用に作られた大型マンション群〈晴海フラッグ〉は大人気で、販売価格が上がる一方です。最近では、この〈晴海フラッグ〉の中古物件が10日間の間に2回も値上げしたというニュースも出てきています。この値上げでトータルで4000万円も値上げしたというのです。これは湾岸という、眺望も立地も設備もいいという理由もあります。

しかも東京近郊に立地するので、海外の投資家が投資用に買うことで値段の上昇が止まらないという事情もあると思います。日本はあらゆるものが安すぎるのです。東京のマンションも国際比較では安すぎるのです。当然、中国人の富裕層をはじめとする投資家にとって日本のマンションは安いし、資産価値が高いことで人気が衰えないのです。

まさに東京や大阪などは国際都市ですから、マンション価格も国際価格並みに上がっていくのは当然です。東京の2024年10月時点の新築マンション価格とオフィス賃料の上昇率は、世界の主要15都市でともに最大となりました。これら大都市のマンションは円安になればなるほど上がりますし、今後も海外のインフレの波をもろに受けて上がり続けるでしょう。東京23区で新築マンションを購入するのに1億円必要というのは当たり前になってきていますが、これが国際的に常識的な値段であって日本の本格的な物価高は始まったばかりと認識すべきでしょう。

さらに驚愕すべきことは、8月のマンション販売数が前年同月比50%減で過去最低水準に落ち込んだという事実です。なぜマンション販売がこれほど落ち込むのでしょうか？　不景気だからでしょうか？　違います。これは単純にマンションの供給が不足しているからです。供給が不足すれば価格が急騰するのは当たり前です。実は人手不足で建設工事が進まないのです。

２０２４年前半、清水建設はじめ建設会社の赤字決算が相次いで話題となったのですが、そのほとんどが人手不足に起因するものだったのです。実際、最近は工事現場で働く若い日本人は少なく、外国人ばかりが目立ちます。かように日本は極端な人手不足となって、特にブルーカラー中心に急激に人の確保が難しくなりつつあります。その圧倒的な人手不足を受けてさまざまな業種で仕事が立ち行かなくなっていて、それが原因で工事などが遅れ、供給に支障を来し、結果的に価格が大きく上がるケースが増えてきているのです。

この傾向は人手不足が恒常的に続く日本で収まることなく加速する一方と覚悟すべきでしょう。ですからあらゆるモノの価格は下がると思ったら大間違いです。逆にこれからの日本では、あらゆるモノの価格が基本的に想定以上に上がるものだと覚悟すべきです。

このような現実を考えれば、株価が上がるのは当然です。この中で賃金上昇が顕著になってくれば、ますます諸物価の値上がりが顕著になってくるでしょう。

これらの動きはモノやサービスの価格をさらに引き上げていくわけで、自然な恒常的な値上がりの流れを作り出すでしょう。まさにインフレ循環の始まりです。

そもそも日本はすべてが安すぎるのです。米国でラーメンが３０００円、ラーメンと餃子で５０００円の時代です。

その米国で現在、若干インフレ率が下がってきて、9月には4年半ぶりに0・5%の利下げとなったものの、今後再びインフレが顕在化する可能性は否定できないと思います。こう考えるとこれ以上、日米の物価の格差が広がっていくことはないと思います。これからは日本が米国の物価に追い付いていく流れだと思います。

日本でもラーメンと餃子を食べて5000円を支払う日は、そう遠くない時期にやってくると思ったほうがいいのです。そうなると賃金は相当上がっているでしょうし、株価も相当上がっていることになると思います。

安すぎた日本がインフレの加速によって、欧米や東南アジア諸国をキャッチアップする流れが本格的に始まってくるわけです。現在、起こっている株価や地価、マンション価格の上昇は、そのような本格的な物価上昇の走りとみたほうがいいと思います。

ですから日経平均が34年ぶりに史上最高値を抜いたことは、いよいよ日本でもインフレが本格化する、一時の欧米のような5%を超えるインフレ状態が恒常化してくるとみたほうがいいのです。まさに日本では今まで安すぎたことの巻き戻しであり、これが始まると予想以上に急ピッチでさまざまなことが動き出してきます。

主要企業の利益はバブル時の7倍

こうして今後は日本の安すぎたすべて、株価、賃金、物価が国際水準に変わっていくわけです。日本の株価は決して高くないし、バブルだなんてとんでもない見解です。「日本の株価が暴落する」と主張している人たちは完全にずれています。彼らはおおむね株式投資が嫌いで資産運用として株式投資を行っていないと思われます。しかし、このような株式投資を行わない姿勢は日本人としては一般的です。株式投資を行わないので、株の基本的なことすらわかっていない人たちが多いのです。

かようにテレビや新聞紙上で見解を述べる著名人の多くも株価のことがまったくわかっていない人がかなり多く、その的外れな意見が日本全体に影響を与えているのが実情でもあります。

そもそも企業は実体のあるもので、株価はその価値を示しているものです。株価の理論的価値は主にPER（株価収益率）、PBR（株価純資産倍率）、配当利回りで換算されます。さらに金利も大きく関係します。このPERが1989年12月は70倍、PBRが5倍、配当利回りは0・3％程度でした。利益の総額をみても、1989年における日本の主要企業の利益は6兆3000億円です。ところが2023年は44兆2000億円です。これで日経平均は同じく3

万9000円前後だったのです。2023年の利益は1989年の時の7倍ですよ！　それで株価が同じですよ！　1989年時が高すぎて、現在が正常値なのです。ないしは、これから日本の株価はさらに高くなっていくわけです。

1980年代後半、日経平均が急騰していく場面では急速な円高のため国内で資金が滞留、極端な過剰流動性が起きました。それが株と土地に殺到しました。人びとは株価が1950年の取引開始以来45年にわたって上がり続けていたので、日本全体が株価は下がることはないと確信していました。そのような過信が思わぬ株価の異常な上昇を招いたのです。

それを今振り返って「バブル」と呼んでいます。しかし重要なことは株価が（今からみた）理論値より高い状態が20年超、恒常的に続いていたということです。

そして同じように株価が理論値より安い時代が日本で10年以上続き、現在に至るのでした。株価の理論値は金利に左右されます。ゼロ金利の日本を考えると、米国よりも理論株価が高くて何の不思議もないと思います。

金利が取れないのですから、株価が高くて当然なのですが、それでも日本株はまったく買われてきませんでした。それがここにきてやっとPERが国際標準並みの16倍に達してきて、日経平均が2024年前半に史上最高値を抜いたわけです。この時期に「日本株はバブル」と主張している人たちは、株について基本的な知識が欠落していると思われても仕方ないでしょう。

上げ相場とインフレに正対する貨幣価値の下落

日本政府は2013年のアベノミクス開始以来、あらゆることを駆使して株価の引き上げ政策を行ってきました。2014年には、コーポレートガバナンスコードやスチュワードシップコードを進めて企業改革を促し、株価を引き上げるように尽力してきました。同時にGPIFのような年金基金を通じて株式を購入、国民全般に株高の恩恵が行き渡る政策を行ってきました。朝倉は安倍政権の最も大きな成果は、このGPIFによる資産運用で株の比率を50%という国際標準に引き上げたことと思っています。

岸田政権はNISAの枠を3倍化して国民に投資を促すように誘導していました。東証はPBR1倍割れ是正ということで、企業に対して株価を意識して株主に報いる政策を取るように促してきました。これら「これでもか、これでもか」という国策を駆使し、待ちに待ち、ついにここに来て日本でもインフレが顕在化、日銀総裁が正式にインフレ宣言を出すに至ったわけですから、株価が急騰しないわけがないのです。

現在は、急騰どころかとんでもない上げ相場が開始されたばかりです。というのも、日本のインフレ率はまだ2~3%の段階です。本格的なインフレ到来で、株でも買わなければ資産保全ができない状態に人びとが追い込まれるのは、これからのことです。

１９８０年代後半は円高で株価が上がっていたのですが、現在は円安が株高をけん引しています。これはまったく逆のパターンです。「円安が株価をけん引している」ということは、日本の貨幣価値がなくなっていく過程、いわゆるインフレで株価が上昇していることです。これは株価が最も上がりやすいケースであり、株価の上昇が想像を超える上昇となる可能性を秘めているのです。

現にトルコの株価はここ3年で10倍になりました。これはトルコリラの価値が著しく下がっていく中で名目のインフレが起こって、株価が急騰となったわけです。これは将来の日本の姿です。すぐにこうなるとは言いませんが、上場企業の利益に貨幣価値が減価して収益が向上していく流れがはっきり現れています。

２０２４年3月期の上場企業の利益は43・5兆円と前期比13％増加の予想でした。この予想は昨年5月時より3・5兆円上振れました。この上振れのうち2・9兆円は自動車産業です。自動車産業がこれだけ上方修正を続けるのは、円安で利益が水膨れになっているからです。

まさに「インフレ利益」です。このようなインフレ利益がさらに拡大していくのがこれからでしょう。インフレが顕在化の流れですから、はっきり言って資産運用で株を保有しておかないと大変なことになります。

ちなみに11月末の段階で上場企業の2025年3月期の利益は前期比2％増となる見通しです。これは8月時点の1％減益予想から上振れてきていて、もちろん最高益となります。これで4年連続最高益となります。そして今後の円安で、さらに業績は上方修正される可能性が高いでしょう。

東西冷戦激化による偶然ではないポジション変化

また日本が世界において重要な位置を占めるようになってきているという、日本の置かれた歴史的な立場が劇的に変わってきていることも注目です。

戦後、日本の復興が本格的に始まったのは朝鮮戦争が始まった直後からでした。朝鮮戦争が始まると米国は日本を供給基地として使うようになり、日本をソ連など共産圏から守る防波堤として復興させ発展させる必要性に迫られたのです。軍事は米国に任せ、日本は経済発展だけに注力することができました。これが1979年の「ジャパン・アズ・ナンバーワン」に至る大きな流れを作ってきたのです。日本は米国の庇護の下、安全保障を気に掛けることなく経済的に大発展してきました。

ところが1989年11月9日、ベルリンの壁が崩壊しました。東西冷戦の終了です。西側と東側、民主主義陣営と共産主義陣営との争いがなくなって世界は平和になったのです。こうなると米国にとって日本の重要性は薄れます。世界の覇権国である米国は日本の力を必要としなくなったわけです。

日本株はベルリンの壁が崩壊して2カ月も経たない1989年12月29日を天井として、翌1990年初頭から大暴落が始まったわけです。これは偶然ではありません。

米国にとって日本の重要性が著しく低下して、米国は日本を優遇する必要がまったくなくなったのです。ここから日本の凋落《ちょうらく》が始まりました。

翻《ひるがえ》って現在、米国は中国と激しく対立するようになりました。ロシアとはウクライナをめぐって敵対関係です。このような中、米国は戦略的に最も重要なハイテク製品を作る基となる半導体製造を台湾だけに依存するわけにはいきません。半導体製造は国力の肝です。

この半導体製造を日本に任せる、日本を半導体製造の世界的な拠点にするという日本重視の流れが始まってきました。

20世紀の東西冷戦が終わって凋落した日本が、今度は東西冷戦の激化で再び最も重要な地位を占める流れに入ってきたのです。かような中、日本の株が下がるわけがないのです。今後、日本株は想像を超える上昇となり、それが驚くべき長さで続くこととなるでしょう。

暴落説はリーマンの教訓を知らない浅はかな考え

よく株が大暴落するという話を聞きます。著名人が日米とも株式市場は歴史上みることのなかったバブルであり、この壮大なバブルは確実に弾ける、そして株価は大暴落して下手すれば10分の1になるという意見もあります。本当に愚かな意見で、かような意見はまさに〈貧乏神〉の最たるものでしょう。

ところがかような暴落説が日本では受けるのです。なぜかというと先にも書いたように日本人の多くは株を保有していないので、内心株価が上がり続けるのは面白くないわけです、そのような考えの人は日本のマジョリティーなのですから、彼らが暴落説に納得感を覚えるのは当然のことなのです。ですから暴落を唱える著名人はいくら見方が外れ続けていても、マスコミにもてはやされるのです。そして人気があるのです。彼らはおおむね日経平均が1万円台から暴落説を言い続けている、株式市場に身を置く我々のような人間からみれば破産者に近い人たちなのです。その破産者たちの人気が衰えることがありません。マスコミもかような暴落説を面白く取り上げ続けるわけです。

朝倉は今でこそ万年強気の株式評論家のように思われていますが、実は投資において売り一辺倒だった時期が長かったのです。１９９０年から株式投資は売ることで儲けることしか考えていませんでしたし、リーマンショックの大暴落を当てて世の中に経済評論家としてデビューした経緯がありますので、暴落については誰よりも熟知してきたと自負しています。しかしながら今や株価の暴落はあり得ないというのが朝倉の結論です。

なぜでしょうか？　暴落論者は株の暴落の典型的な例として１９２９年の世界大恐慌、１９９０年の日本のバブル崩壊、そして２００８年のリーマンショックを引き合いに出します。そして１９２９年の世界大恐慌では株価が10分の１になり、日本のバブル崩壊でも株価は最終的に５分の１にまで暴落していきました。〈歴史は繰り返す〉で、これと同じことが確実に起こると言うのです、人類の歴史を振り返れば常に同じ過ちを繰り返しているわけで、これだけ長く株式市場の上昇が続いた後は必ず暴落が起こるものであるというわけです。これらの主張は一理あります。バブルが生じてその後株価の大暴落が起こったのは、歴史的な事実だからです。

しかしこの大暴落、日本のバブル崩壊とリーマンショックを朝倉は予想してきました。そして当時投資は基本的に売りしか行いませんでした。朝倉のデビューを知っている人はリーマンショック前、〈株価の大暴落が確実に起こる〉と声高に主張していたことを知っているはずです。

そして暴落は起こったのですが、根本的な主張が変わってきたのは、その後の劇的な変化に理由があるのです。人類は常に起こった事象から学び取っていきます。１９２９年の世界大恐慌がなぜ起こったのか？　ということは深く研究されてきたのです。また日本のバブル崩壊後、なぜ日本経済や株価が長期に低迷したのか？　ということも深く研究されてきたのです。

そして基本的な結論が出たのです。それは世界大恐慌の時も日本のバブル崩壊の時も、当時の政策当局の金融緩和の姿勢が足りなかったということです。1929年の世界大恐慌時は銀行が次々と潰れていったのに、当時の米国政府はこれを放置しましたし、金融緩和も行いませんでした。日本のバブル崩壊時では当時の日銀総裁の三重野氏は金利を引き上げ続けたのです。

狂っていたと思いませんか？　1929年の時は銀行の倒産を放置したのですよ！　これでは金融危機が拡大して経済が破綻、大混乱に陥っていくのは当然のことではないですか！　しかも金融緩和を行わなかった、異常な政策の極みです。日本のバブル崩壊時は土地と株が大暴落しているのに三重野総裁は粛々と金利を引き上げていったのですよ！　これも狂っているでしょう！　現実に本当にそのような政策が当然とされて行われ続けていたのです。まさに1929年の時も1990年の日本のバブル崩壊も株価の暴落が起こったことはやむを得ないとしても、その後の政策の無策どころか、経済を悪化させる政策を行い続けたことは浅はかとしか言いようがないのです。ですから死者を鞭打つようですが、三重野総裁を日本の歴史上最も無能な総裁だったと歴史的な総括を行う必要があると主張しているわけです。

そして2008年リーマンショックが起きました。あの時、朝倉は世界が破滅すると思いました。というのも米国の金融機関がほとんど倒産状態になっていたからです。どうやって立て直すのかと注視していたのですが、当時米国のFRBは徹底的に金融緩和を行って銀行に公的資金を導入、GMなど倒産企業にも公的資金を導入、フレディマック、ファニーメイなど住宅ローン会社にも公的資金導入を行いました。そして金利をゼロにまで引き下げて、さらに量的緩和政策でドルをばらまいたのです。QE1、QE2、QE3と連続的に中央銀行が膨大な資金供給を行い続けたわけです。

これでリーマンショック後の危機は時間の経過とともに収拾に向かったわけです。この時FRBのトップはバーナンキ議長でした。バーナンキ議長は〈3度の飯より大恐慌が好き〉という1929年の大恐慌の研究マニアだった学者ですから、同じようなリーマンショックの危機を巧みに乗り越えたわけです。これこそが人類が経験から学んだ政策的な知恵を生かしたケースなのです。

リーマンショック時、このFRBの動きをはじめ政策的な経緯をつぶさにみていたわけですが、それでも朝倉は将来どうなっていくか予断を許さないと思っていました。そして米国でQE政策を止める流れになってきた時点で本当の意味で危機が収束できたと感じました。

その後、日本でも東日本大震災が勃発しましたが、混乱を経て安定が戻ってきたわけです。この時点、2012年の時点から朝倉は日本株の大相場が始まってきたことを確信するようになり、初めて株価が上がると公式に主張するようになったのです。当時ビジネス社から『2013年、株式投資に答えがある』という著作を出版して、同時に長期的な日本株の大相場を確信したので証券仲介業である〈アセットマネジメントあさくら〉を始めたわけです。

かように歴史的な大暴落からの学びからリーマンショック時に初めて暴落を止めるシステムが確立されてきた、でき上がってきたわけです。この学びが世界の政策当局の株価暴落時に対応する基本的な方針となってきたわけです。市場は常に行き過ぎますから、株価の暴落は市場ではいつでも起こりうるのです。

しかし人類は長い歴史の中で暴落を終息するすべを発見しました。それは中央銀行ができる限りの資金を供給して混乱を抑えつけることなのです。そして金融緩和をできる限り行って、公共投資など財政出動をできる限り行うことなのです。これによって起こった株価の暴落の悪影響を最小限に抑えることができるというわけです。

かように人類は1929年の世界大恐慌、1990年の日本のバブル崩壊という歴史的な株価の大暴落から学び、株価が暴落した後の処理を巧みに行うすべを身に着けたのです。ですから過去のような大暴落の継続はあり得ないのです。暴落したら単純に中央銀行に思い切った資金供給を行わせて、金利を引き下げ、財政出動を思い切り行うという政策を打ち続ければいいのです。

では今度はどうなっていくのでしょうか？　暴落を回避する策として資金供給を限界まで行うことを学習しました。そして日米欧の中央銀行はそれを果敢に実行しました。リーマンショック後の日米欧の中央銀行の途轍もない資金供給の大きさをみてみましょう。

２００８年のリーマンショック後、２０２４年10月現在に至るまで米国ＦＲＢは資産残高を8倍に膨らませました。日銀は同期間7倍に膨らませました。そして欧州のＥＣＢは5倍にまで膨らませたのです。さらに２０２０年コロナ危機がありました。このコロナ危機前と現在２０２４年10月時点の資産残高を比べてみると米国ＦＲＢは2倍、日銀は１・４倍、ＥＣＢは１・３倍にまで資産残高を膨らませているわけです。

これら中央銀行による膨大な資金供給が株価を支え続け、経済を活性化させてきたわけです。そしてそれが実は水面下で各国の通貨価値、ドルも円もユーロも基本的に本当の意味での価値を減価させ続けているわけです。米国ＦＲＢはコロナを経て、あまりに中央銀行が資産残高を増やし過ぎて現金給付などを行いすぎたのでインフレを招くこととなりました。

またドルも円もユーロも基本的な価値を減価しつつあるので、それと対《つい》をなす金相場が上がり続けていると考えるべきでしょう。膨大なマネー供給に経済は支えられ続け、結果としてあらゆる通貨の価値は下がり続け、金相場はじわじわと上がっている、現在の市場の動きは納得がいくことでしょう。

日々増え続ける金融資産と金融資産の生み出す所得

かように世界に出回るマネーが恒常的に増え続けているのですから、株価は基本的に下がりようがないでしょう。仮に極端な暴落でもあれば、先に指摘したように中央銀行があふれんばかりの資金供給を再開することは必至なのです。そして現在は中央銀行が積極的に資金供給を続けていなくとも、世界に出回るお金は増え続ける仕組みとなっています。

米ボストン・コンサルティング・グループによると、2023年の世界の家計の金融資産は275・2兆ドル（約4京円）に上っているということです。恐るべき巨大なマネーの洪水です。

ちなみに日本の家計の金融資産は15・4兆ドル（約2212兆円）です。そして世界の個人金融資産は年率6・9％ずつ伸びていって、2028年には366・9兆ドル（約5京3000兆円）にまで膨れ上がると試算されているのです。さらに日本の家計の金融資産は年率4％ずつ増加して2028年には18・4兆ドル（約2600兆円）に達すると試算されています。

日本個人金融資産が世界の個人金融資産に比べて伸びが低いと予想されるのは、日本人の株の保有比率が低いからです。

日本の家計の金融資産は2000年段階で1400兆円でした。当然、家計の金融資産は基本的に増え続けるわけです。そうなればその資金は基本的に株や国債や社債などの債券に投資されるわけであり、これらの時価総額が増え続けるのは当然のことなのです。預金や保険になると思う人もいるでしょうが、これらの銀行や保険会社はやはり国債や株式の投資、ないしは企業への融資などに回るわけで結局のところ、株は膨大な資金の最も有力な受け皿となり続けるのです。その結果として世界の金融資産が増え続ける限り、基本的に株式市場は上がり続けるわけです。

そのような観点から日経平均は時間の経過とともに10万円、30万円、１００万円と上昇していくのが極めて自然なことなのです。

そして世界は基本的に資本主義で回っていますから、お金がお金を生むパターンは今後さらに加速していくことでしょう。基本的に預金をしていれば金利が入り、株を保有していれば定期的に配当が入ってきます。このように金融資産が増え続けることで、さらに大きな富を作り出していくこととなっていくわけです。

例えば米国の個人の金融資産は膨大ですから、その資産から生み出される所得も相当なものとなっています。２０２４年４-６月期、米国の金融資産から生み出された所得は年率換算すると何と３・７兆ドル（約５４０兆円）にも達しているのです。凄くないですか？　金融資産からの所得だけで日本のＧＤＰに迫っているのです。米国人の所得の15％は金融資産から得られる所得です。いかに資産運用や金融リテラシーが重要かわかるというものです。

この３・７兆ドルの内訳をみると利子が１・８兆ドル、配当が１・９兆ドルとなっています。米国では金利が高く５％にまで上昇していたので、利子も大きな収入となっていました。金利が上がれば利子でお金が増える、株式投資では配当で増える、どう転んでも資本主義の世界ではお金が増え続ける構図です。

日本の個人の金融資産２２１２兆円のうち現預金は１１２７兆円、この現預金に米国並みの５％の金利がつけば56兆円となります。金利が高ければ預金好きな日本人も大いに潤ったことでしょう。ちなみに日本の個人の金融資産から生み出す所得は年率換算で現在14兆円です。この額は米国の40分の１にしかすぎないのです。いかに日本人が金融リテラシーがないか、情けないことです。

実は日本の金融資産から生み出される所得は、１９９４年のピークからみて半分となっています。１９９４年は預金金利が高かったので、現在に比べて預金好きな日本人の所得ははるかに大きかったわけです。今後日本は政府の膨大な借金があるために金利を欧米諸国のように大きく引き上げることは不可能です。よって株式投資を通して値上がりと配当で稼ぐのが肝要となってくるのです。

第2章

なぜトランプは独裁を目指すのか

なぜトランプ氏は独裁を目指すのか

「4年前までより暮らしは良くなったか？」。選挙中のトランプ氏の訴えはこのフレーズが中心でした。日本でも国民民主党の玉木氏が「手取りを増やす」とのメッセージを多用しました。これが勝因でSNSを通じて多くの人の心を打ったようで選挙で大勝しました。

そしてトランプ氏も大統領選では予想を超える大差の勝利を勝ち取ったのです。選挙の焦点はさまざまあったと思いますが、やはり基本的に人びとは生活が苦しいのです。経済的な問題が大きく、これに焦点を当てた選挙スローガンは効果てきめんだったと思います。

実際、米国では昨今のインフレで人びとの不満は爆発寸前。米国の調査では米国で住宅を購入できる層の所得水準は12万ドル（約1850万円）と、これは4年前2020年の調査6万ドルに比べて倍に跳《は》ね上がっているのです。かような極端な値上がりや生活の苦しさ、そして経済的な格差の広がりは人びとの政治に対しての怒りとなって跳ね返ってきているようです。

日米欧の先進国各国の選挙では、ほとんど例外なく政権政党が負けています。SNSでは怒りが渦巻いています。トランプ氏は巧みにこの人びとの怒りに焦点を当て、人びとの怒りを増幅させています。現状に対して〈怒れ！〉ということです。そしてこの怒りを煽ることで、そのエネルギーを票に結びつけていたのです。

トランプ氏は時には偽情報を利用してきました。「移民の連中は犬を食べている」とハリス氏との討論会で突飛《とっぴ》なことを言っていました。司会者はそれに対して「この話は作り話です」とけん制、ハリス氏は呆れ笑いという具合で、明らかにトランプ氏の失言にみえました。

しかしながら選挙戦を振り返れば、これでよかったのだと思います。人びとが潜在的に持っている〈移民への怒り〉を偽情報を利用することであぶり出し、人びとの投票行動に影響を与える作戦です。この〈怒り〉は選挙ではあらゆる場面で使われます。

日本の総選挙でも焦点は裏金問題でした。「裏金をため込んだ、税金を逃れている政治家を許せるのか?」という怒り、そして財務省への不満です。「悪いのは財務省、税金ばかりふんだくって自分たちは天下りでいい思いをしている」――かような怒りに火を付けること、そしてそれをSNSで拡散していくこと、これが昨今の選挙の上では最も有効なようです。

選挙ではどうしてもポピュリズム、民衆に聞こえのいい話ばかりをすることが普通になっています。日本の総選挙でも消費税減税や物価を下げる、補助金支給を継続するなどが各政党の公約として躍っていました。今回は月並みで言い古された〈消費税減税〉でなく、〈からめ手〉のような「103万円の壁を引き上げる」という主張が新鮮で人びとの注目を集め、選挙でも国民民主党が勝利しました。

しかしながらこの公約の実現に対しては、財源をどうするのかなどさまざまな議論が出てきて紛糾している状況です。どの国も物価は上がり続け、格差は広がり、人びとは不満だらけです。そしてかような現状の下、残念ながら世界の民主主義は大きく後退をし続けています。世界の民主主義や自由度を調べているフリーダムハウスの調査によると、公正な選挙の実施などで2023年に自由度が改善した国は21カ国、一方で自由度が悪化した国は52カ国に達したというのです。この自由度の下落基調は18年連続で続いています。まさに世界の民主主義や自由は衰退の一途をたどっているのです。

そして今回のトランプ氏当選で起こってくることは、この自由度、民主主義の本家である米国において民主主義が衰退の方向に向かっていき、独裁的な権威主義に近づいていく可能性が高まってきたことでしょう。トランプ氏は今後さまざまな手段を使って自らの独裁体制を構築していくでしょう。この独裁的な指導者を求める波は世界中で広がってきたように思えます。欧州でも極右政党が続々と支持を拡大しています。ドイツでは〈ドイツのための選択肢〉、フランスでは国民連合のルペン氏は次のフランスの大統領になるのではと噂されています。イタリアも極右政党が勝利してメローニ首相となっていますし、ハンガリーでは問題児と言われているオルバン首相、オーストリアなどでも極右政党の躍進が著しくなってきました。

とにかく世界中でインフレが厳しいのです。そしてどの国もグローバル化の波が押し寄せてきて中間層が没落しています。日本を除いて移民や宗教文化の深刻な争いも激化する一方です。そしてSNSを通じて、政府に対する皮肉はありとあらゆるところにあふれています。これらは人びとの恐怖や不安を増殖させるのです。足元の厳しさ、先の読めない不安感から人びとは現状を大きく変えてくれそうな指導者を求めています。

結果、どうしても強いリーダー、強いリーダーシップを持った人を求めるようになるのです。第二次世界大戦の引き金を引いたのはドイツのヒトラーの独裁政権でした。どうしてドイツ国民が選挙でヒトラーを選んだかと言えば、やはり生活が苦しかったからです。何とか現状を打破してくれる指導者が欲しかったからです。世界の歴史をみると明らかで、経済苦、混乱、混迷時代が続くと人びとは強力な指導者を求めるようになるのです。そして米国では人びとの現状を劇的に変革して欲しいという強い願いの下に、独裁的な気質を持つトランプ氏が米国大統領に返り咲くこととなりました。米国で大統領が返り咲くのは何と132年ぶりのことです。

「米国が直面している脅威は1945年以来、最も深刻、かつ困難であり、近い将来の大規模な戦争の可能性をはらんでいる」。米国防戦略委員会は2024年夏、かような報告書を提出しました。実際、現在の世界は危険に満ちあふれています。北朝鮮はロシアに協力して兵員をウクライナに送っています。ロシアはイランから武器の供給を受けています。そしてロシアは中国と経済的な結びつきを強めているわけです。

本来なら国際法を無視したウクライナへの侵略で、ロシアをのけ者にして孤立させるのが国際社会のあるべき姿だと思いますが、そうはなりません。ならず者国家はならず者国家同士で密接に結びつくようになるのです。こうして中国、ロシア、イラン、北朝鮮の枢軸ができ上がってきました。これによって今までの米国主導の国際秩序を弱体化させようとするわけです。

このような動きに対して「第二次大戦前と不気味なほど似ている。各地域の危機が融合し、頂点に達した時大戦が始まった」。ジョンズ・ホプキンス大学のハル・ブランズ教授はかような指摘をしていて、まさにその通りだと思います。政治学者のヤシャ・モンク氏は「自然は真空を嫌うように米国が国際秩序を形作る役割から手を引けば、中国が代わりに出てくる」というように、世界はまさに米国という警察官を失って混迷の海に投げ出されているようです。

地政学ストラテジストのピーター・ゼイハン氏はその著書『「世界の終わり」の地政学』の中で「すでに不穏な兆しのあるグローバル経済や世界各地に広がる紛争、それは一時的な変調なのか？　そうではない！　グローバル化の終えんだ。米国が主導してきた世界の秩序が崩れ『無秩序の時代』が幕を明けた。経済も文化も野蛮化していく分岐点なのだ。米国が主導したグローバル化が終えんし『無秩序の時代』が始まろうとしている。海運の安全は崩れ、グローバルサプライチェーンは寸断される。もちろんエネルギー、天然資源、食糧の輸出入も困難になるだろう」と警鐘を鳴らしています。まさに政治学者イアン・ブレマー氏が指摘してきた

〈Gゼロの時代の現実〉が始まり、加速しているわけです。

そのイアン・ブレマー氏は今年のはじめ、米国大統領選でトランプ氏が選挙に勝つことについて「トランプの再選は2016年の当選とは違った意味を持つ。晴天で風もない日に飛行機が高い高度で飛んでいたとする。15分間、経験の少ないパイロットに操縦を任せても、飛行機は飛び続けるだろう。だが同じ飛行機を滑走路もみえない台風のさなか着陸させるとなると話が違う。未熟なパイロットでは墜落しかねない。これが今年のトランプ当選の意味だ。第一に国際環境が危険になった。ウクライナと中東で2つの戦争が起きている。第二にトランプは彼を追及した人びとに報復したいと考えている。勝てば司法省、税務当局、FBIを政治利用するだろう。バイデン氏や国連も標的になる。新たなマッカーシー旋風が吹き荒れかねない」と言っていました。まさにブレマー氏の指摘通り、今後トランプ氏による復讐劇が幕を明けそうな気配です。

独裁者への道

「就任初日は独裁者になる」――トランプ氏はこれまでの公約を大統領就任初日にできるだけ実行する構えです。大統領の持つ大きな権力を行使して就任初日から大ナタを振るって改革を断行するつもりです。しかしこの〈就任初日〉だけとはならずに、トランプ氏は独裁的な権力を固めるために、あらゆる手を講じていくこととなると思います。

「米国のような民主主義の国で独裁者が現れるなんてあり得ない」と考えている人が多いと思いますが、そうはなりません。現在のロシアも一応選挙を実施しているのに、実質プーチン氏の独裁体制です。ハンガリーのオルバン首相やトルコのエルドアン首相も選挙で勝って独裁体制を敷いています。権力の構築、特に独裁的な強い権力の構築は、民主的な手続きを経た政権によって作られていくものなのです。

そして独裁の構築には一定の方程式があるのです。それはまず国の司法を抑えることです。トランプ氏はさまざまな嫌疑で訴追されましたが、収監を逃れてきました。そして今回選挙で勝利して、まさに司法の力を借りて自らにかかった訴訟をすべて潰していくでしょう。

そのための司法長官として自らに近い人物を指名するはずです。トランプ氏は「大統領選で勝利したらスミス氏（特別検察官）を2秒でクビにする」と豪語していましたが、そのスミス氏は早くも辞任の意向を表明しました。そもそも特別検察官を任命するのは司法長官です。そしてその司法長官を任命するのはトランプ氏です。ですからトランプ氏が豪語していた通り、大統領選に勝てば即座に特別検察官であるスミス氏をクビにできるわけです。

トランプ氏は「司法省を刷新して、民主党のバイデン現大統領など自らの政敵を訴追するために活用する」とも発言していました。同氏はかように大統領就任後、政敵への復讐へ動き出すでしょう。トランプ氏は「復讐が許されることもある。民主党政権を追及するあらゆる権利が私にはある。バイデンやその家族の犯罪性をみれば、たやすいことだ」と言っていました。
以下にトランプ政権における有力な閣僚予定者を紹介します。

司法長官指名のドタバタとパム・ボンディ

かように独裁者への階段を上る基本的な最初のステップは司法を抑えることです。民主主義国家では建前上は三権分立で司法が独立しているので、実質的に最高権力者である大統領の影響力を無視できないのです。そして司法を思いのままに活用することで権力基盤を盤石なものに作り上げていくのが独裁体制を作るために最も重要なことです。

これは独裁体制を固めて権威主義国家となっているロシアや中国でも行われてきたことです。中国の習近平国家主席は2013年に党のトップに就任してから、腐敗撲滅運動を展開して次々に政敵を打破してきました。ターゲットとしている幹部の収賄の事実を明らかにして司法で裁くわけです。プーチン氏も同じで司法関係を抑えるのは、権力を確立するための最も重要な一歩であります。

今回、トランプ氏が最初に司法長官に指名したのはマット・ゲーツ氏でした。同氏は42歳と若く、トランプ氏の忠臣です。ゲーツ氏は大混乱となった2021年の議会襲撃事件について「反乱ではない」と断言しています。また同氏はかつて下院議長を決める採決の時、過激な行動で混乱を先導しました。この常軌を逸した行動によって、米議会は何と15回も採決を繰り返すこととなりました。同氏は注目を集めることで自らの求心力を得ようとしてきたようです。議会では彼に〈爆弾投下魔〉とあだ名をつけています。かような人物を清廉潔白でなくてはならない司法省のトップに据えることにトランプ氏の司法への姿勢が見え隠れします。要するにトランプ氏にとって司法の公正さとかはどうでもよく、司法省のトップに司法の専門家を置く必要もなく、司法は自らの権力基盤を固める道具としたいと考えているわけです。トランプ氏としては「司法を意のままにする」ことが最も重要なこと、そしてそれは独裁への道、権力を固めるための第一歩です。

ところがこの人事は余りに酷いということで、議会やマスコミから非難の大合唱となりました。これではとても議会の承認を得られないとみたトランプ氏は方針を変えました。結局ゲーツ氏の司法長官就任を断念したのです。代わって指名されたのは元フロリダ州司法長官のパム・ボンディ氏でした。ボンディ氏はトランプ氏の息のかかったシンクタンク、アメリカ・ファースト政策研究所の議長です。こうして結局はトランプ氏の忠臣が司法を抑えることとなりました。

世界最強の米軍のトップ国防長官人事も二転三転

次に暴力装置である軍を自らの意のままに動くようにしていかなければなりません。軍のトップとなる国防長官は極めて重要なポストです。独裁への道はまずは司法を抑えて、次は軍も抑える必要があります、いくら権力を持っていたとしても実力行使ができなければ、本当の権力とはなりません。軍が自らの言うことを聞く体制が整って初めて権力が安定するのです。軍を統括できない指導者は弱い指導者です。指導者としてどうしても軍を自由に動かせる体制を作り出さなければなりません。

その一歩としてトランプ氏はやはり自らの忠臣である、FOXニュースの司会者であるピート・ヘグセス氏を国防長官に任命したのです。同氏も44歳と若い忠臣です。彼はその著書で現在の米軍トップであるブラウン統合参謀本部議長に対して「最初にブラウン氏を解任しなければならない。左派的な考えを持つ幹部はやめるべきだ」と主張して「左派による米軍への裏切りを明らかにし、軍が能力主義に戻るべき」と言っています。「戦闘任務に女性を配置すべきでない」とも主張しています。これらの言動はまさにトランプ氏の好むところです。

しかしながら国防長官は世界一の能力を持つ米軍のトップです。ヘグセス氏は軍務の経験があるとはいえ元下士官で、ニュースの司会者です。これまで米国の国防長官は現在のオースティン国防長官も前のエスパー国防長官もその前のマティス国防長官も現役軍人で、軍の中でトップに上りつめた人ばかりでした。今回のヘグセス氏をトップに据える人事は忠誠を誓っているので任命されただけであり、その任務の重さを考えれば余りに軽率な人選と思えます。米軍を統括する役割をほぼ未経験のニュース司会者に任せる決断は信じがたいと思います。

連邦議会から資質を疑う声もあって、国防長官をフロリダ州知事のロン・デサンティス氏へ変更を検討していると報じられています。現時点（12月4日）では不明です。

とにかくトランプ氏としては軍をわが物にしたいわけです。彼は軍に対して「国防総省の幹部は私のことが好きではない。なぜなら彼らは戦争をしたいだけだからだ」とこきおろしています。確かにトランプ氏は軍に嫌われてきました。軍とそりが合わないのです。かような現実を変えて軍を徹底的に改革して自分の軍隊に変えていくのがトランプ氏の目指すところです。

ですから従来の軍のトップから国防長官を任命するのをやめて、自分の意をくんだ人物を国防総省に送り込んで忠誠を誓うように変えていきたいわけです。独裁を確立させていくためには司法、そして軍の掌握は欠かせません。トランプ氏は自分の政策を実現するためには軍が必要と考えているのです。これは例えば不法移民の大量強制送還にも使える、ないしは国内の争乱鎮圧にも動員令を出して軍を使いたいと思っているようです。本来、市街地の軍の派遣は違法なのに、軍の動員も考えているわけです。軍を思うように使うことによって自分の推し進めようとする政策が容易に実行できるようになるというわけでしょう。

トランプ氏には苦い思い出があります。第1次政権時、国防総省のトップであったマーク・ミリー統合参謀本部議長と折り合いが悪かったのです。実はトランプ氏が2020年の大統領選挙で負けてバイデン政権に権力を移譲しなければならない状況になった時、あの議会襲撃事件が勃発しました。この議会襲撃事件を受けて当時の軍のトップであったミリー氏は、トランプ氏の突飛な判断に警戒を示しました。軍のトップとしては当然のことかもしれません。当時の状況でトランプ氏が反乱を起こして軍の動員を目指そうとした場合、軍として拒否しなくてはなりません。が、バイデン氏に正式に権力移行がなされるまではトランプ氏が大統領ですから、軍としても従わなくてはなりません。そのトランプ氏は反乱まがいの扇動をしたわけです。これでは軍として懸念を強めたのも当然だったと思います。

そしてこの時、ミリー氏は中国側に電話をして、「米国内の情勢は安定していて中国に軍事攻撃を仕掛ける意図はない」と説明したのです。ミリー氏としては、トランプ氏が権力移譲を嫌って軍事的な紛争を起こす可能性さえあると懸念したのでしょう。ところがこのミリー氏の越権行為をトランプ氏は大問題と言っているわけです。軍のトップが最高意思決定者である大統領の意向を無視して勝手に外国に電話して「自らが米国の軍の方針を伝える」などあってはならないことです。当時の状況は確かにミリー氏に対して考慮すべきところも多くあると思いますが、まだ現役の大統領だったトランプ氏としては許せない行為だったと思います。そしてこのミリー氏の行為を、トランプ氏は〈死刑に相当する反逆罪〉と糾弾しているのです。

これはトランプ氏が大統領に就任してから蒸し返される可能性があると思います。ミリー氏は大のトランプ嫌いであり、第1次トランプ政権で最初に国防長官に指名されたマティス氏も大のトランプ嫌いです。マティス氏は「トランプ氏は私が人生で見てきた中で初めての、米国国民をひとつにしようとしない大統領だ。そうしようとするふりすら見せない。代わりに米国民を分断しようとしている」と述べていました。

ミリー氏は2023年10月の統合参謀本部議長の退任式で「米軍は世界の軍部の中で独自性を保ち、国や仲間、宗教、国王、女王、専制君主や独裁者に誓いを示さない。独裁者を望む者に対してもだ。誓いの対象は米国の憲法であり、米国の理念である。これらを守るために我々は死ぬ覚悟がある」と述べました。この独裁を望む者とは明らかにトランプ氏のことを指しているわけで、軍の首脳たちが軍の私物化を図ろうとするトランプ氏を毛嫌いしていたことがわかります。これら軍の姿勢に不満を抱いているトランプ氏は軍を解体寸前まで追い込むような大改革を実施して雰囲気を変え、自分に従う軍に作り替えたいのです。その役割として意向を受けたヘグセス氏が国防長官に指名されたというわけです。

こうなると今後の米軍ではトランプ氏の意向によって粛清の嵐が吹き荒れるでしょう。最初のターゲットとして現在の統合参謀本部議長であるブラウン氏の追放は避けられないのではないかと思います。ブラウン氏は黒人で多様性を重んじる姿勢を示しています。

さらにブラウン氏はミリー氏によって指名されています。この米軍の流れをトランプ氏が放置し続けるとは思えません。激しい軍幹部の追放と責任追及、人事の一新は断行されるでしょう。

危険分子を取り除く国家情報長官トゥルシー・ギャバード

そしてもう一つ重要なのが情報です。機密情報をはじめ情報を知り、コントロールすることが権力を固める要素です。プーチン氏はロシアであれだけ多大な権力を手にしています。その大きな要因としてKGBという秘密警察組織で働いてきた経験が大きく役立っていると思います。何と言っても米国はFBI（連邦捜査局）、CIA（米中央情報局）、NSA（国家安全保障局）など世界最高の情報網を持っています。

このテクノロジーに支えられた圧倒的に強い情報網が国際社会における米国の強さを作り出してきました。この機密情報を知り、活用、時には巧みに操作することで国内外の政敵を葬ることができ、ターゲットとする人物の誰も知らないスキャンダルも知ることができるでしょう。ないしはターゲットを罠にはめて犯罪者に仕立てることもできるかもしれません。世の中で起こることはすべて報道されていることが真実とは限りません。報道も作られた部分もあるでしょうし、現在では偽情報が乱舞しています。

ロシアのプーチン大統領は大統領選に出馬する際にチェチェンでの戦争で名を上げました。その戦争に入るきっかけを作ったのは、モスクワで相次いだマンションでの爆破事件でした。これら連続爆破事件の犯人はチェチェンのテロリストの仕業ということになり、それを理由にプーチン氏は軍事行動を正当化したわけです。ところが後の捜査で実はＦＳＢ（ロシア連邦保安庁、旧ＫＧＢ）がこの爆破事件に関与していた疑惑が出てきました。そしてそれに絡んでさまざまな情報や暴露話が出てきたのです。

結局これらの真実と思われる話は封印され、消されていきました。またこの事件に対する調査や報告書はことごとく無視されました。そしてこの事件をＦＳＢの仕業と報道してきたジャーナリストたちが相次いで不慮の死を遂げたのです。まさにプーチン大統領が誕生する直前の闇の話ですが、おそらく爆破事件にＦＳＢが関与していたことは疑いようがないと思われます。

かように権力は情報機関である秘密警察を巧みに使って、非合法な工作活動を行うことがあることは公然の秘密です。米国のＣＩＡやＮＳＡが裏でどのような活動をしているかは定かではないですが、ＮＳＡが日本のすべての電話を盗聴できるという話はスノーデンの暴露で明らかにされました、ＮＳＡの世界中での盗聴活動は公然の秘密でもあります。かように米国の情報機関の力は恐ろしく、狙ったターゲットを徹底的に調べつくすことができるのが実体です。

どんな人でも何かしらスキャンダルがあってもおかしくありません。米国の情報機関であれば、究極的にはあらゆる人を追い詰めることができるのではないでしょうか。それほど米国の情報機関は重要で貴重で恐ろしい存在でもあります。

そしてトランプ氏はこの米国の情報機関のトップにトゥルシー・ギャバード氏を任命したのです。同氏は43歳、ハワイ州選出の元民主党下院議員です、現在は民主党を離党してトランプ支持者となっています。驚くべきは彼女の発言の数々です、同氏は親ロシアの姿勢であり、ロシアのウクライナ侵攻に対して「米国とNATOがロシアの正当な安全保障上の懸念を認めていれば、この戦争は回避できた」と述べています。そしてロシアがウクライナに侵攻した後は「地政学はさておき、アロハの精神、尊敬、愛を受け入れる時だ」と話していました。

さらにシリアについて「シリアのアサド大統領は米国の敵ではない」とも話していました。これら一連の発言はかなりロシア寄りであることを示していると思いますが、トランプ氏はそのような人物を情報長官に任命したのです。この人事をみるとトランプ氏のロシアに対しての融和姿勢が垣間見えます。

またギャバード氏は政権を批判してきた関係で、自らが情報機関の調査対象にされているとして情報機関を敵視してきました。このように情報機関を敵視し続けた人物を、その機関のトップに据えるとは、まさに情報機関での機構や人事を大規模に刷新してトランプ氏に忠誠を誓う人物だけの組織に作り上げてしまう腹積もりでしょうか。

ギャバード氏は情報関係に関してまったくの素人です。この人事は情報当局を素人に任せて、トランプ氏が直接、情報機関を思うように動かしていきたいということだと思います。

かように権力を固めるために最も重要なツールと思われる司法、軍、情報機関に関しては、自らの忠臣を送り込むことに決めていたものと思います。一連の人事は相当練られてきたものと思われ、今後これら司法、軍、情報機関の活用で自分にとっても危険分子は取り除かれ、時間の経過とともに着々とトランプ氏の独裁体制は仕上がっていくように思えます。

中国を最大の脅威とする国務大臣マルコ・ルビオ

「西洋文明にとって最大の脅威はロシアではない」。トランプ氏はNATOの任務の見直しを示唆して、欧州各国は戦々恐々としています。中国を第一の敵と捉えていて、ロシアとは対立すべきでないという考えだと思います。中国もロシアも両方敵にしては、真の脅威である中国を弱体化することはできない。そして核をあれだけ保有している米国に次ぐ軍事大国であるロシアと事を構えるべきではないと思っているようです。副大統領になるバンス氏も「中国こそが我が国にとって最大の脅威だ。ロシアとウクライナの和平を実現すれば米国の真の問題、つまり中国に集中できる」と述べていて、トランプ氏の姿勢と一致しています。

トランプ新政権では、かような中国の脅威だけを重要視する方針が際立っていくでしょう。トランプ氏は先に書いたように独裁的な権力を構築しようとしています、そのような姿勢は民主主義重視の考え方とは相いれません、彼は民主主義や自由という考えにさして興味がないようです。力が重要であり、まさに力を持って米国第一主義を推し進める方針ですから、軍事的な強大な力を有しているロシアと融和して中国つぶしに全力を傾けていく姿勢です。

かような方針の下、ほかの国では外務大臣にあたる米国国務長官の大役にマルコ・ルビオ氏が起用されました。同氏は米議会でも対中強硬派の筆頭です。

ルビオ氏は中国について「米国が直面したことのない最大の敵対国」として「トランプ氏の指導力の下、力による平和を実現し、米国の利益を何よりも優先する」としています。そして中国からの輸入関税強化やウイグル族の人権侵害に対して強い態度を取ってきました。同氏は中国側から制裁を受けていて中国へは入国禁止となっています。

今後の米中交渉を考えるとルビオ氏を制裁対象として入国禁止としていれば、中国は米国と交渉できません、かようなことを考えれば中国側も同氏の制裁を解除するしかないでしょう。トランプ氏はこのように中国に対して嫌がらせや皮肉、そして敵対姿勢を鮮明にすることで対立姿勢をあらわにしようとしています。

また国家安全保障担当補佐官にマイケル・ウォルツ下院議員を任命しました。この人も相当な対中強硬派です。同氏は2020年のコロナ発生時についての起源を追及することを主張し続けてきました。コロナ自体が中国が世界にバラまいたウイルスなので、この責任を追及すべきという立場です。

一方、ルビオ氏が国務大臣に任命されたことで、NATOはとりあえず安心です。というのも「トランプ氏がNATOを離脱するのではないか」という懸念があったのですが、これは2023年12月に米国で成立した〈国防権限法〉によって簡単にできない仕組みとなりました。米議会はトランプ氏当選に備えて、大統領が上院の承認を得ずにNATOを離脱できない仕組みを作ったのです。この法案の共同提出者として成立に尽力したのがルビオ氏です。そのルビオ氏を国務長官に任命したのですから、トランプ氏としては本気でNATOを離脱するつもりはないと思います。ルビオ氏はNATOについて「我々は最大の国としてNATOに貢献するが、他の豊かな国も役割を果たす必要がある」として米国として他国の防衛費分担の拡大を求めていく姿勢を示しています。

米国第一主義によってNATOにおいても米国の負担を軽減していくのがトランプ政権の基本方針と思います。

ウォール街に配慮したスコット・ベッセント財務長官人事

経済をつかさどる財務長官の人事では投資会社のトップでかつてソロス・ファンドの投資最高責任者を務めていたスコット・ベッセント氏を起用すると発表したのです。この発表をウォール街は好感、NYダウは連日の史上最高値追いとなりました。同氏はそのキャリアのほとんどをウォール街で過ごしてきました。ジョージ・ソロス氏はヘッジファンドの大物として伝説の人物ですが、その華々しいキャリアの幕開けはポンドの暴落を仕掛けて中央銀行であるイングランド銀行を屈服させたことでした。1992年、ソロス氏はポンド売りを仕掛け、時のイングランド銀行は防衛買いで対抗したものの結局、暴落を食い止めることができなくなってポンド防衛を放棄した経緯があります。これによってソロス氏は〈イングランド銀行を負かした男〉として世界に名をとどろかせました。このとき世界はヘッジファンドの強烈な資金量とその力を思い知ったのです。実はこの陰で詳細なリサーチと分析を行っていたのがベッセント氏です。ソロス氏はベッセント氏のレポートがもとでポンド売りを決断したと言われています。またベッセント氏は2011年から2015年にかけてソロス・ファンドの最高投資責任者となり、円安などの日本への投資でも大きな利益を叩き出してきたのです。

第1次トランプ政権の時はスティーブン・ムニューシン氏が財務長官を務めあげました。彼はゴールドマン・サックスに17年勤務した後、ヘッジファンドを立ち上げた人物です。トランプ氏は自らが不動産関連のビジネスで大成功したので、やはり実績を上げてきたその道の本物のプロを好むように思えます。米国の財政という一番のキーポイントを金融のプロ中のプロであるヘッジファンドの運用者に託すところは、いかにも実践を重視するトランプ氏の姿勢を感じます。またトランプ氏は突拍子もないことを言うように見えても実はバランス感覚もあって、今回の第2次政権として中国への敵視政策や各国に対しての関税の引き上げ、そして国内では大規模なトランプ減税の延長など、軒並みインフレ政策が並んでいるのですが、この中で米国の財政に関しては、ウォール街のプロに任せて何とか米国の財政を維持させていきたいという思惑があるように感じます。そして常に株価の動向を気にしています。トランプ氏は決して市場、ウォール街を敵には回したくないのです。彼は実業家として経済の重要性を熟知しています。ですから市場にフレンドリーな政策を続けたいと思っているのです。そのような観点から財務長官にはベッセント氏を起用したのでしょう。このあたり、トランプ氏は抜け目がないように思えるのです。

そのベッセント氏は、日本の安倍首相が提唱した〈3本の矢〉の政策からヒントを得たという「3-3-3」と呼ぶ政策をトランプ氏に進言しています。この「3-3-3」政策では、

1. 2028年までに財政赤字をGDP比で3%まで削減する
2. **規制緩和でGDP成長率を3%に押し上げる**
3. **原油生産を日量300バレル増加させる**

ということです。これらは新政権に対する市場の懸念を払しょくさせる道理に合った政策です。さらにベッセント氏はドルを引き続き世界を牛耳る通貨にし続けたいと考えているようです。同氏はトランプ政権の関税政策を支持しながら、歳出削減を断行して、なおかつ「世界の準備通貨

としてのドルのステータスを維持したい」のです。

政府効率化省長官イーロン・マスクの野望

「現代のマンハッタン計画（第二次世界大戦中の原子爆弾製造計画）になり得る」。トランプ氏は新しく創出する「政府効率化省」のトップに、実業家のイーロン・マスク氏とビベック・ラマスワミ氏を起用すると発表し、2026年7月を目標に政府機構の改革を進めます。

トランプ氏によれば「官僚主義を壊し、過剰な規制をなくし、無駄な支出を削減し、連邦政府のリストラを進める。ホワイトハウスなどと連携し、政府の外から助言や指針を与える」ということです。トランプ氏が大統領選挙に当選してから続々と新しい政権の顔ぶれが明らかにされつつあり、中でも特に目を引くのが、「政府効率化省」の設置と、そのトップ人事です。

イーロン・マスク氏は業界の革命児で誰でも知っているテスラのトップであり、ビベック・ラマスワミ氏はトランプ氏と同じく今回の大統領選挙の共和党の指名争いにも参加した実業家です。この新しい組織はどのような働きをして米国に変化をもたらすでしょうか？

また、ますます力をつけるイーロン・マスク氏の狙いは何でしょうか？

このようなダイナミックな変化は選挙を通じて起こる米国特有のものです。

とにかく凄い大統領選挙でした。予想に反してトランプ氏がほぼ圧勝と言っていい勝利を収めました。その立役者の一人がマスク氏です。トランプの勝利宣言の中で、「我々には新しいスターがいる。イーロンだ！　ハリケーン『ヘリーン』がノースカロライナ州を襲った時、人びとは『スターリンクが必要だ』と言った。スターリンクと彼は多くの人の命を救った、彼は超天才だ！」と褒め上げました。

マスク氏もこれに応え、「米国民は変革を求めた。そして米国民はトランプ氏に変革を求める明確な支持を与えた。未来は素晴らしいものになる」と述べたのです。今回の選挙は良くも悪くも米国を激しく分断しました。単なる「共和党対民主党」という対立構図ではなく、お互いがお互いを善と悪にたとえ、民主党支持者は自らを善で共和党は悪、逆に共和党支持者は民主党が悪で自らが善という考えです。SNSの中でお互いが自分の信念を強くする傾向は全世界的にますます過激になりつつあり、偽情報も相まって選挙戦は過熱する一方となったのです。

そのような中、とにかく10月からのマスク氏によるトランプ氏への応援は群を抜いていました。マスク氏はトランプ氏を支持するスーパーPAC（特別政治活動委員会）に180億円超の資金をつぎ込みました。そして連日の選挙応援を行ってきたのです。また同氏はPACを通じて100万ドル（約1億5000万円）が当たるキャンペーンを展開して物議を醸《かも》しました。具体的には「言論の自由と武器を持つ権利を支持する嘆願書」というものを用意して、投票日である11月5日まで、この嘆願書に署名した中から無作為に選ばれた人に毎日100万ドルを配る。ただし、署名者は激戦地のみ、という仕組みでした。

これによって保守的な考えを持つ「潜在的トランプ支持者」をあぶり出し、選挙に行かせようとしたわけです。激戦地のペンシルベニアでの集会では、マスク氏がトランプ氏の回りで跳ね回っている姿が何度も映像で映し出されていました。またマディソン・スクエアガーデンで何千人もの参加者を前に演説しました。彼は7月に起きたトランプ氏襲撃事件で、強く心を揺さぶられたようです。当時、マスク氏は「トランプ氏を完全に支持する。彼の早い回復を祈る。米国でこのような屈強な指導者はセオドア・ルーズベルト以来だ」とX（旧ツイッター）に書き込みました。以後、それまでの陰で選挙応援をするスタイルを変えて一気に前面に出てきました。トランプ政権誕生に向けて全力で一直線に走り出したのです。なんと言っても世界の有名人であり、その影響力は甚大です。しかもマスク氏はソーシャルメディアXのオーナーであり、Xを使って世論を動かす力を持っています。そんな人物が連日のようにポスト（ツイート）の嵐を吹かせ続けたのです。

そしてマスク氏は臨機応変です。今回の選挙でも最初、フロリダ州知事のロン・デサンティス氏を支持し、4年前はバイデン氏を支持していました。彼の支持はその時の状況に応じて次々と変化していったのです。しかしながら7月のトランプ氏への襲撃事件だけは衝撃的で、「トランプ氏を全力で応援する」という決定的な決断をさせたものと思います。

また、自らの家族体験においてもマスク氏はトランプ氏を強く支持する動機がありました。マスク氏の息子ザビエル氏は、トランスジェンダーで性転換しています。マスク氏は2022年、息子が思春期抑制剤を投与される際に医療関係者から書類にサインするよう求められた当時を振り返って、次のように述べています。

「当時はコロナが流行っていたため、大きな混乱があった。書類にサインしないとザビエルが自殺するかもしれないと聞かされた。私は何が起きているのかを理解する前に、本質的に騙された。思春期抑制剤が実は不妊治療薬だということの説明を受けなかった」と言います。さらに「これは信じられないほど邪悪な行為であり、子供に性転換することを促してきた人びとは刑務所に行くべきだ、という意見に私も賛同する」と述べています。

現在、米国で大きな問題となっているのが、「ウォーク・マインド・ウイルス（目覚めた心のウイルス）」、いわゆる「社会問題に対してあまりに意識の高すぎる思想」の広がりです。これは現代社会に蔓延する危険な思想傾向を指す言葉で、以下のような特徴を持っています。

●反実力主義的　能力や実績よりも特定の属性や思想を重視する風潮があること。

●言論の自由の抑圧　自分と異なる意見を認めず検閲しようとする動きがあること。
●キャンセル・カルチャー　気に入らない人物を社会的に排除しようとする風潮があること。
●偏った教育　学校や大学で特定のイデオロギーに基づいた偏った教育が行われていること。

マスク氏は、このウイルスが感染症のように広がり、社会全体の思考を蝕《むしば》んでいくことで、自由な議論や多様性が失われ、イノベーションや創造性が阻害されると危惧しているわけです。ウォーク・マインド・ウイルスに対しては、全米の多くで問題視されていて、今回の大統領選挙でもトランプ氏は、かような行き過ぎた左派的な考えを激しく非難していました。実は大統領選挙で勝利した大きな要因の一つは、そのあたりであるとみられています。

ちなみにマスク氏は7月中旬、教師が子供の性自認について本人の許可なしに保護者に通知することを禁止する法案をカリフォルニア州が成立させたことを受け、「この法律とそれ以前の家族と企業を攻撃する多くの法律」のために、スペースXとXの本社をカリフォルニア州からテキサス州に移転すると表明したのです。

さて、マスク氏は政府効率化省で国民の期待に応える素晴らしい仕事ができるでしょうか？これは実は十分可能性があると思うのです。なんと言っても、これまでの天才的な仕事ぶりを考えれば当然かもしれません。テスラとスペースXを世界一の企業に育て上げました。宇宙企業であるスペースXは、ＮＡＳＡに比べて圧倒的に低いコストでロケットの打ち上げに成功してきました。また彼が買収したXでは、従業員をなんと8割も減らしたのです。こんなことが大企業で可能なのでしょうか？　従業員を8割も減らして普通に存続していけるのでしょうか？　しかしマスク氏はそれをやり遂げました。彼は常人とは発想もやり方も、まったく違うようです。

そのマスク氏は「政府の支離滅裂な支出が国を破産に追い込んでいる。テクノロジーを使って答えを出す」とし、「政府支出の3分の1にあたる2兆ドル（約310兆円）の歳出削減をする」と言うのです。全米の予算規模は6・5兆ドル（約1000兆円）ですから、そのうちの3分の1にあたる2兆ドルを削減するということです。全米予算の半分以上は社会保障、メディケア（高齢者向け医療保険）、軍事費、国債の利払いでどの項目も削減できないものばかりです。それにもかかわらず、政府支出の3分の1も削減すると言うのです。そんなことが本当に可能なのでしょうか？　信じられないことです。

ところがマスク氏は「できる」と言うのです。同氏によれば、「議会がある機関を設置したとして、法律上の役割は非常に単純なものだが、次第に権限を拡大して議会が決して認めなかったことを始めるのはよくあることだ。政府機関を大幅に縮小して議会が権限を与えたことに専念し、それ以外は全部やめることで大規模な歳出削減を実現できる」ということなのです。

そして具体的な例としてマスク氏が述べたのは、「政策の優先順位が明らかに間違っている。

国境を警備する重要な人材を雇うことを怠っておきながら、米国人の税金を監査し追及するために膨大な数の人員を雇うのは、まったく理解できない」としています。マスク氏は国境管理現場の人間を大量に雇って税務署職員を大幅に削減するというのでしょうか？　とにかく彼のやることはわかりませんし、凡人では想像できないことなのかもしれません。

　また今回の「政府効率化省」は2年で役目を終えて解散するということです。これは素晴らしいことだと思います。通常、国はこのような組織を作ると、肥大化して必要もない仕事を続けることが多いからです。これが官僚機構の最も悪いところです。目的を達成したら、さっさと解散、これこそ行政改革です。さすがマスク氏という感じです。

『肩をすくめるアトラス』という70年前の小説が脚光を浴びているということです。アトラスとはギリシアの神で、地球を両肩で支える像で有名です。作者のアイン・ランドは旧ソ連からの亡命者です。この小説が言わんとするところは「一握りの才能のある人間が世界を支え、人びとに繁栄と幸福をもたらす」――つまり、「規制と凡庸な人びとこそが才ある人間を殺す」ということです。

　先に「ウォーク・マインド・ウイルス」の話を出しましたが、この小説の底流に流れている思想はそれとはまったく逆で、規制を徹底的に嫌う「リバタリアニズム（自由至上主義）」とい

テスラの株価の推移日足（2024年8月2日～11月12日）

う考え方です。これについては朝倉もアルゼンチンのミレイ大統領を例に出して、「日本も社会主義的な政策を捨てて、リバタリアニズムに近づくような自由主義的な政策を取るべき」と主張してきました。本書の第5章で詳述しましたのでお読みください。

いずれにしても、マスク氏とトランプ氏のような卓越した能力がある人が米国を引っ張るのは、何かうまくいきそうな予感もします。しかし逆に独裁的なトランプ氏の下では、社会が声を上げられなくなって不穏な社会に、急激に変わっていく可能性もあると感じます。

米国生まれの米国人でないマスク氏は米国の大統領になることはできません。それでマスク氏は徹底的に米国の政策を決めるフィクサーになろうとしているわけです。「大統領になりたいか？」との質問に「誤解のないように言っておくが、実のところ大統領にはなりたくない。私はロケットや車を作っていたいのだ」と答えています。本音かどうかはわかりませんが。

大統領選でトランプ氏の勝利が確定した11月5日から立会日わずか5日間でテスラの株は4割も上昇、ついに時価総額1兆ドル（155兆円）突破となりました。5日間で時価総額が64兆円も拡大したのです。マスク氏としては、大統領選で投下した資金はあっという間に元が取れた形です。

投資家はテスラの自動運転タクシーの実現性を疑問視していましたが、マスク氏は決算発表時「2025年には当局の承認を得る」と豪語していました。現在の流れをみると、その通りになりそうです。どうも自動運転に対する規制は緩みそうで、政府支援が手厚くなる展開が待っているでしょう。規制が緩和されることで、早めに自動運転車が全米各地でみられるような流れが生じるのは悪くないと思います。

トランプ氏もマスク氏が行うさまざまな技術発展を期待して、「AI革命を主導した大統領」という評価を求めていることでしょう。

国際関係において増す存在感

ウォールストリートジャーナルの報道によると、マスク氏はロシアのプーチン大統領と定期的に接触していたとのことです。米国の安全保障にとって重要な技術を持つマスク氏が敵国であるプーチン氏と連絡を取り合っていたとすれば大問題と思いますが、このあたりは謎です。

マスク氏は自らが持つスペースXで衛星通信事業「スターリンク」を提供しています。スターリンクはウクライナ戦争でウクライナ軍を助けた通信手段として大きな役割を果たしました。ところが2022年9月、ウクライナ軍がロシアの黒海艦隊司令部を無人機で攻撃するためにスターリンクへの接続を要請したのをマスク氏は断りました。これについて同氏は「ウクライナ軍は停泊したロシアの艦隊を攻撃するつもりだった。これを容認すれば、スペースXが紛争激化に明確に加担することになる」と弁明していました。こうなってくるとマスク氏は国際情勢や戦争の行方などにも強い影響力を持っているわけで、ある意味、彼の決断が戦争の行方を左右することもあるわけです。

マスク氏がアメリカの敵国プーチン大統領と秘密裡に話をしていたとなれば、彼がプーチン氏に脅される可能性もあるわけです。NASA（米航空宇宙局）のネルソン長官は10月25日、

「報道されているマスク氏とプーチン氏との接触が事実であれば、NASAや国防総省、米情報機関にとって懸念すべき事態だ」と述べていますが、その通りでしょう。

このあたりはプーチン氏と何度も電話会談してきたというトランプ氏についても同じです。その対話内容について懸念が深まっています。かようにトランプ氏もマスク氏もプーチン氏との関係は闇の中です。

そのプーチン氏は2017年、「AI分野のリーダーが世界を支配する」と将来を予想しています。中国もAI研究に全力を傾けています。権威主義国家にとってAIなど最先端のテクノロジーは極めて重要なツールです。今後もテクロノジーが大きな影響を持ち、国家の栄華衰退を決めていく決定的な要因になっていくことは確実です。現在、テクノロジーの発展で社会のあり方も変わってきます。富の行く先も支配されていきます。

マスク氏は中国とも関係が良好、ロシアとも話せるとなると米国にとってますます重要な存在です。今回の米大統領選後の展開をみても、いかに重要なポジションを有しているかがわかります。11月15日、マスク氏はイランの国連大使と会談したと伝えられました。トランプ氏の意を受けたものと思われます。マスク氏とイランの国連大使は1時間にわたって会談、両国の緊張緩和について議論したということです。

マスク氏はトランプ氏の私邸でウクライナのゼレンスキー大統領とも電話で話をしたという

ことです。まるでトランプ氏の意向を伝えるメッセンジャーのような立場とも感じます。マスク氏の動向から目が離せません。

そしてマスク氏が率いることになると思われる「政府効率化省」も同じく、その動向が米国経済や社会、あるいは世界全体に大きな影響を与え続けることとなるでしょう。

2つの戦争の行方と米露関係

「想定外の状況でこそ人間性が現れるものだ。命が狙われた時の行動には感銘を受けた。勇敢な男だ」。ロシアのプーチン大統領はトランプ氏と仲がいいと言われています。続けてプーチン氏は「トランプ氏が対露関係を回復し、ウクライナ危機を終結させたいと語ったことは注目に値する」として交渉に応じる気配です。すでに大統領選挙が終了した11月7日にトランプ氏はプーチン氏と電話会談したと伝えられています。その中でトランプ氏はプーチン氏に対してウクライナ戦争をエスカレートさせないようアドバイスしたということです。トランプ氏は自らが大統領選に当選すれば、ウクライナでの戦争を解決すると公言してきました。本書が店頭に出た時には停戦が実現しているかもしれません。

ここでトランプ第1次政権とロシアとの関係を振り返ってみましょう。トランプ氏は201

7年に大統領に就任してから米露関係の改善に意欲を示してきました。そして「プーチン氏を尊敬している」と何度も発言してきました。また2016年の大統領選挙ではロシアが選挙に関与して、トランプ氏の当選を後押ししてきた事実も暴露されました。

かような状況だったので、このトランプ氏とプーチン氏との関係は深いようにみえて〈ロシアゲート問題〉として両陣営の癒着《ゆちゃく》疑惑が広がりました。そこで第1次政権時はロシアに強く出る必要がありました。そして〈対露制裁強化法〉が成立したのです。これによってウクライナの紛争に米国は殺傷兵器を供与できるようになりました。

またロシアが後ろ盾と言われていたシリアのアサド政権に対してもトランプ氏は、トマホークなどを使って軍事攻撃を行いました。一連の出来事はトランプ氏が口ではロシアと融和と言いながら、逆に強硬な政策を取ってきたことがうかがわれます。第1次政権時代、米国とロシアは何事も合意に至ることはありませんでした。軍備管理や安全保障における協力も決まりませんでした。このあたりトランプ氏とプーチン氏がいい関係にあると思われていながら、実質的に何も変わっていないわけで、イメージと現実が違っているのが面白いところです。

これはある意味、トランプ氏の交渉術のうまさを示しているのかもしれません。彼は交渉する相手に対して褒め殺しします。特に権威主義国家の独裁者であれば、政策を決める権限を持っていますから尚更です。プーチン氏と同様に、中国の習近平主席に対しても銃撃事件の後で

「素晴らしい手紙をもらった」として「習氏は素晴らしい男」と持ち上げました。北朝鮮の金正恩総書記に対しても「私のことを懐かしく思っているだろう」と好意を示しています。一連の言動はプーチン氏も習近平主席も金正恩総書記も心地いいと感じていると思います。

これがトランプ氏特有のうまい交渉術だと思えるのです。交渉相手を褒めるわけです。決してけなしません。相手を立てて相手の自分に対しての印象を良くします。その上で途轍《とてつ》もない要求を出すなど厳しい姿勢を示します。

振り返ってみればトランプ第1次政権時代、中国や北朝鮮とはほとんど取り決めらしい取り決めは決まっていないのです。単に交渉しただけとも言えるでしょう。逆に中国に対しては敵対姿勢を強めました。交渉相手を褒めるのは交渉を巧みに行いたいからです。もっともロシアや中国や北朝鮮のような敵対国であっても、米国の大統領と仲がいいという印象はその国の国民に肯定的なイメージを抱かせるのかもしれません。ロシアの一般国民は米大統領選挙でトランプ氏が勝利したことに歓喜の声を上げたくらいです。しかしながら中国では同氏の対中強硬姿勢は知れ渡っていますから、中国の指導部や世論も警戒感が強そうです。

そのような中、ウクライナ戦争の行方です。トランプ政権が発足する前の2024年11月中旬の時点で、米国バイデン政権がウクライナに長距離射程兵器を提供するという話が出てきました。バイデン氏はこの長距離射程兵器はロシア側を激怒させ、戦争をエスカレートさせる危険性があるとして、頑《がん》としてウクライナの要求を跳《は》ね付けてきたのです。ところが一転、供与ということです。何があったのでしょうか？　実はこれが今回のウクライナ戦争を終了させるための交渉の第一歩になるのではないでしょうか？　バイデン政権はロシアが北朝鮮兵を戦争に参加させた報復措置であると説明しています。ロシアが戦争拡大姿勢をみせるなら、こちらも相応の対抗策を取るという姿勢であって、これは今後の停戦を考える上での駆け引きの始まりと思います。

一方的にウクライナが押されているままでの停戦では、ロシアの都合のいいように話がまとまってしまいます。米国側の切り札としてロシア本土を攻撃できる能力をウクライナに与える、それによって軍事勢力の均衡を保ち、今後の平和につなげるという姿勢です。ロシア側としてもウクライナからモスクワを攻撃される危険性を感じては、そう簡単に戦火を拡大することも難しくなるでしょう。かといって米国の政権が移譲する時点で、ウクライナへの長距離兵器の提供に激怒して米国に戦争を仕掛ける、という行動に出るわけにもいきません。

いずれにしてもトランプ氏の意向を受けて、水面下で和平交渉は動き出していると思います。ウクライナ側としてはある程度の領土の割譲はやむを得ないことであり、本音としては停戦後の平和の絶対的な保証が欲しいところです。具体的に言えば「ロシアの再侵攻はない」という一点が重要だと思います。ウクライナとしては一時的に和平協定を結んでもその後、タイミングを図られて再びロシアに攻め込まれてはたまりません。ですからウクライナ側としてはロシアの再侵攻を防ぐための〈安全の保証〉の確約を米欧に求めているわけです。

ここでその保証をどのように担保するか、という具体的な話になるのです。ですが、これは相手のあることなので難しい、プーチン氏が約束を守るかどうか疑わしいということでしょう。一番いいのはウクライナがNATOに加盟することですが、これではロシア側との話は絶対にまとまりません。ロシアとして隣国のウクライナがNATOに入り、国境が最前線となっては自国の安全が心配です。よってウクライナがNATOに加入することなく同国の安全を担保するという難しい方程式を解かなければなりません。

そこでウォールストリートジャーナルによると和平案として、

1. 現在の最前線に沿って非武装地帯を設ける

2. ウクライナのNATO加盟を少なくとも20年間認めない代わりとして、米国は軍事支援を継続する

という妥協案が出てきています。

これはウクライナにとっては辛い妥協案です。ロシアからの再攻撃を防ぐことができると確約できる案ではないものの、現状では現実的な解決策のように思えます。このような解決案の下に、米国がウクライナに長距離兵器を十分に与えることで軍事的な均衡を保っていきたいということでしょう。難しい交渉ですが、停戦をウクライナ、ロシアともに本音では望んでいることです。トランプ氏が新政権を発足させる2025年1月20日以前にウクライナ戦争はいったん終結すると思います。

ただ今後の問題点も指摘しておきたいと思います。ロシアの外交アナリスト、ドミトリー・トレーニン氏は「トランプ氏とプーチン氏は良好な関係にあるとみられている。しかしトランプ氏はロシアの友人でも、プーチン氏の友人でもない。彼の周辺には明らかに反露的な人たちが大勢いる。トランプ氏はプーチン氏との間で、ウクライナ問題も含めた米露関係の懸案を解決できると考えているかもしれない。しかしそれがうまくいかずトランプ氏が失望すれば、予測しがたい敵対的な行動に出る可能性がある。同氏は予想不可能だ。私たちは最悪の事態に備えるしかない。直接的な衝突に至らない穏やかな関係悪化ならまだよい。最悪のケースはプーチン氏に幻滅したトランプ氏が挑発的な行動を取るようになることだ。以前のロシアは米国との関係修復を望んでいたが、今はそんな希望は持っていない。当面の間、関係改善は難しいだろう。私たちはすでに妥協不可能な、以前とまったく異なる状況にある。私たちが屈するか、あるいは米国が帝国的野心をあきらめるかの2つに1つだ。いずれにしても当面はあり得ない」とロシア側の深刻な懸念を述べています。

この指摘は重要です。トランプ氏は交渉上手でも、一歩間違えると想像を超えた対立関係にまで状況が悪化する可能性も否定できません。もはや日米欧など民主主義国家は、ロシアを国として信用していません。ですから経済関係などが今後深まる可能性はほぼないわけです。

そのような中での関係改善の話です。トランプ新政権の誕生で米露関係はいったん緊張緩和状態となるでしょうが、依然両国の基本的な対立の火種は消えるわけもなく、常に大きく関係が悪化する「危うい環境下が続く」状況が変わることはないということです。

イランへの強硬姿勢

「イランが保有する可能性のある核兵器が我々にとって一番の脅威だ。核をまず攻撃して残りのことは後で考えればいい」。10月4日、トランプ氏はイスラエルによるイランへの報復攻撃について、かように発言しています。結局、イスラエルは核施設への攻撃を控えたと報道されましたが、実は核研究施設を破壊したとの報道もあります。

副大統領に就任予定のバンス氏は「イランにパンチを浴びせるなら激しく叩くべきだ」と言っていて、この「激しく叩く」というのが新政権のイランに対しての方針でしょう。基本的には交渉するなら永遠に核兵器の研究を止めて、核開発をあきらめることが担保されなくてはなりません。これは新政権がイランに対峙する基本方針と思います。

イスラエルのネタニヤフ首相はトランプ氏の勝利を小躍りして喜びました。「歴史上最大のカムバック、おめでとうございます。あなたのホワイトハウスへの復帰は、米国の新たな始まりで、米国とイスラエルの偉大な同盟を再確認することになるでしょう」と述べていました。

そのイスラエルではネタニヤフ首相の支持率が急上昇しています。戦争をうまくやっているという評価が国民の中で広がっているようです。特にガザを完全封鎖して、イスラエルの軍隊はほとんど犠牲者を出さずにハマスの抵抗を実質的に抑え込んで、ついに指導者のシンワル氏の殺害に成功しました。またレバノンでは同じくヒズボラの指導者ナスララ氏の殺害に成功しました。さらにポケベルを爆発させることでヒズボラの構成員たちを多く死傷させました。これらネタニヤフ首相の戦争遂行はイスラエル国民の明らかに支持を得ているようです。

２０２３年10月7日のハマスの攻撃でイスラエル人は１２００人も殺害されました。そこでイスラエル人の多くは「結局、パレスチナ人との共存は不可能」と感じたことでしょう。結局、彼らを野放しにすれば自分たちは殺されるという思いを強くしたものと思います。あの時点からイスラエルは一気に狂暴化しました。ホロコーストの記憶がよみがえり、「相手を殺さなければ自分たちが殺される、我々が生きるか、彼らが生きるかだ」と二者択一の考えに行きついたものと思います。イスラエルが生き残るためには徹底的に敵を叩き潰すしかないという結論だと思います。容赦なく脅威を除去する、そのためには何人の民間人の犠牲が出ても構わないということだと思います。ガザで4万人という死者、レバノンで3000人の死者をイスラエルの人びとは気にしなくなっていると思います。自分たちが生存していくためにはやむを得ないと割り切ってきたようです。一見するとネタニヤフ首相が自らの政治的な延命のために戦争を継続しているようにもみえますが、実はイスラエル国民はネタニヤフ首相のやり方を心の中では支持しているものと思います。

トランプ政権はイランに対しては徹底的な強硬姿勢を貫くでしょう。ネタニヤフ首相とトランプ氏は相性が良く、また娘婿のクシュナー氏とネタニヤフ首相は家族ぐるみの付き合いもある関係です。トランプ政権はイランの脅威を完全に除去しようと動くでしょう。ウクライナ戦争は早晩終結しても、イランとイスラエルの戦争はイランの核開発という脅威が取り除かれるまで続くと思います。トランプ政権は力でイランを屈服させるようにするでしょう。

そしてイスラエルとしては、トランプ氏が健在なうちに最大の脅威であるイランを潰しにいくはずです。イスラエルは自力ではイランを潰すことはできません。どうしても米国の力を借りなくてはならないのです。そしてトランプ政権というイスラエルが最も望む大統領が生まれました。この好機をイスラエルが逃すとは思えません。中東情勢は米国を巻き込んで戦火が激しくなる可能性があると思います。

第3章

インフレに火をつける
トランプ政権の経済政策

通商代表部ライトハイザー氏の生い立ち

トランプ新政権は果たして公約通り、中国に60％、日本を含む他の国に10～20％の関税を課すのでしょうか？　トランプ氏は米通商代表部（ＶＳＴＲ）の代表としてジェミソン・グリア氏を起用すると発表しました。グリア氏は1期目のトランプ政権でＶＳＴＲ代表だったロバート・ライトハイザー氏のもとで首席補佐官を務め、中国や日本との貿易交渉の実務を担ってきました。グリア氏はライトハイザー氏から大きな影響を受けています。ここではそのライトハイザー氏の考え方に焦点を当てて、トランプ政権の通商政策の目指すところをみてみたいと思います。

「もし効率性を求めるだけが政府の重要な機能だとしたら、労働者の安全保障など存在しないだろう。日本人としての生き方は価値の最適化より重要であり、日本人が大事にする価値観は消費よりも重要であるという基盤の上に社会構造が成り立っている」。ライトハイザー氏が経済の効率性について日本のインタビューで語った言葉です。トランプ政権の関税政策を強引に押し進めるキーパーソンがこの人物です。過去30年で最も影響力のある通商代表と言われています。

「消費よりも価値観が大事、価値観の上に社会が成り立っている」という言動は日本人にも共感するところがあるのではないでしょうか？　経済が発展すればするほど、豊かになればなるほど、人びとは何か大事なものを失っていくかもしれません。昭和時代やそれ以前の日本人はどこでも共同体が機能していました。貧しかったかもしれませんが、お互いが助け合ってほのぼのとした生活をしていたような気がします。

縁側に座ってスイカを食べていると、隣の人がおしゃべりに加わってきて和やかに話が弾むという自分の子供のころの昭和のひと時が目に浮かんできます。経済成長ばかり追い求めて、都会では隣の人さえ知らない人が増えているわけです。セキュリティーを万全にしないと犯罪者に狙われるかもしれません。今のマンション生活は便利で安全な世界なのかもしれませんが、いつの間にか地域の共同体が消え失せて昭和時代の穏やかでほのぼのした風景が消えてしまったことを嘆く人もいるのではないでしょうか。豊かになったことで何か大きなものを失ったとの思いを感じていないでしょうか。

ライトハイザー氏はオハイオ州の今でいうラストベルトで育ちました。これは副大統領になるバンス氏も一緒です。子供時代、ミネソタの鉄鉱石をペンシルバニアの溶鉱炉に運ぶフェリーボートが行き交うエリー湖畔で育ったそうです。そののどかな風景が目に浮かびます。

同氏はまた「繁栄は農業、製造業、鉱業によってもたらされる」と言っています。労働者はなにか形あるものを作ることで自らの尊厳を保ち、そして高賃金を得ることで生活も安定する。こうした環境で誠実な労働者が自尊心を高めて地域社会の共同体を強化していくと言うのです。古き良き時代です。製造業が盛んだった時代では、皆一つの工場で一生働いて、それなりの穏やかな豊かな時代を過ごしたわけです。

実は製造業は高収益な業種なのです。製造業の賃金レベルは主要20部門中、情報技術に次いで第4位となっていて、会計や広告などの専門サービスより高いのです。ところが製造業で働いていた労働者がその職を失うと、雇用を維持できた場合に比べて所得が永続的に減少する傾向があります。いわば製造業で働いていて一度職を失うと、その人の収入は普通なら元に戻ることはないのです。そして製造業は多くの人を雇用します。その多くの雇用者が潤います。

ところがグローバル化の波に淘汰されて工場閉鎖の憂き目にあうと、雇用されていた労働者は働く場所を失います。工場が閉鎖されることで、失業者や低所得者が街にあふれるようになるのです。こうしてその地域において、ほとんどの人たちの収入が減り、地域のコミュニティも破壊されてしまうのです。

ライトハイザー氏はこのような地域の現実を垣間見てきました。この現実をみれば「グローバリゼーションは崩壊、混乱、破壊を生む」と考えて当然かもしれません。子供時代の記憶や環境、その変化は人に影響を与えます。同氏が良き子供時代の米国の一田舎を体験して地域社会が破壊される姿も目の当たりにして「これではいけない」と考えてもおかしくありません。

そしてライトハイザー氏は徹底的な中国敵視論者です。これはトランプ政権の方向と一致します。日経新聞が2023年8月に行ったインタビューをみると、彼の徹底した中国嫌いの姿が浮かび上がってきます。やはり子供時代の良き地域社会を中国の怒涛の進出によって破壊されたという潜在的な意識が強いように思えます。

本来、トランプ氏はニューヨーク育ちですから、ラストベルトの人たちの感覚には疎《うと》いと思います。「この地域で選挙に勝つにはどうしたらいいのか？」という観点からラストベルトの労働者の怒りを利用して増幅させることによって、自らの人気につなげていったと思います。

これはトランプ氏の戦略ですが、実際の貿易でも中国を敵視する姿勢は一貫していますので、今回の第2次トランプ政権においても同氏を重用したものと思います。

ライトハイザー氏は中国に対して「あなたは中国を敵だと思わないのか？　軍備増強、近隣への領有権の主張、戦狼外交などを通じて世界一の大国になろうとしていることは明らかだ。習近平主席はますます反西洋を主張している」「中国は他国の技術を盗み、巨額の貿易黒字を計上する。これは経済戦争に他ならない」「自由貿易協定を結び、関税を削減し続けるという政策は明らかに失敗した。どの国も自国の富や労働者を重視すべきだ。米国は膨大な貿易赤字を抱え、何万もの工場を失ったという点で失敗した」と述べています。

また政府の役割について「政府の仕事は米国の影響力を利用して、できるだけ有利な条件で貿易協定を実現することであり、国家の繁栄を左右する米製造業を強化するために貿易政策を利用することだ」と述べています。以前の彼は日本に対しても強硬姿勢でした。ところが最近は日本に対しては以前ほど強硬姿勢ではありません。これは同氏が「日本が米国へ投資して多くの労働者を雇用している」事実を認識しているからです。

そしてもう一つ、トランプ政権の戦略でもある中国を敵視する方針の中で日本の存在が極めて重要だからです。同氏は「貿易問題では日本に対して特別に行動するという考え方はおそらくあり得ない」としながらも「日本は中国との競争において、おそらく最も頼りになる同盟国だ。技術や戦略物資について共同で解決策を見出すことが日本の利益になるだろう」とも述べています。

日本の貿易黒字の推移と中国への対応

これらの発言は、１９８０年代から１９９０年代にかけて米国が徹底的に日本を貿易交渉で追いこんでいった時とは大違いです。そのころの日米貿易交渉を振り返ってみましょう。

当時の米国では日本車の輸入が急増しました。時のレーガン政権は貿易規制を示唆したのです。全米各地でハンマーで日本車を破壊するパフォーマンスが繰返されました。実際、日本車の急増で米国の自動車メーカーは苦境に陥って次々と工場閉鎖に追い込まれる事態になっていったのです。この時、日本の自動車メーカーは対米自主規制を行いました。それによって米国の自動車メーカーは一息ついて一時的な増益を勝ち取りました。しかし半面で米国の消費者は自動車価格の上昇に直面することとなったのです。

つまり米国の人びとは高い自動車を買わされることとなって実質所得が低下しただけでした。これが輸出規制の現実です。規制で守られているうちにそのメーカーが生産性を上げて力をつけてくればいいのですが、

日本車をハンマーで破壊する米国人

そうでなければ結局のところ消費者にしわ寄せがくるだけなのです。

そこで第1次トランプ政権時から現在に至るまでの日本の米国に対する貿易黒字の推移をみてみましょう。日本の対米輸出は2016年は11・5兆円でしたが2023年には20・3兆円と、この7年で4割増となっています。この間の為替レートの変化をみると、2016年の平均為替レートは108円で2023年の平均レートは140円と、これも7年で3割も円安となっています。

一方、日本の米国への直接投資残高は2016年末には53兆円でしたが、2023年末には104・7兆円となり、7年で倍に増えているわけです。今回のトランプ政権はあらゆる国の輸入品に対して10〜20％の関税を課す方針と言われます。それを現実に行った場合、日本企業は日本や米国以外の国で生産して輸出するよりも、米国内で生産したほうがコストが安くなるわけです。これこそがトランプ政権の狙いです。米国に投資させて雇用を生んで欲しいのです。

とにかくトランプ政権は貿易黒字を増大させ続ける中国を敵視し、ライトハイザー氏はその敵視政策を実行する人です。彼は中国について「自動車産業がいい例だ。日米の企業は膨大な量の技術を中国に移転したことで、今では中国が最大のメーカーになってしまった。彼らはノウハウを手に入れたら世界中で競争しようとする」と中国を非難しています。

そして同氏はドイツに関しても「これからドイツの自動車会社の若い世代は自分たちが儲け

ていたのは中国に許可されていたからであり、中国の利益になっていたからだと気づき始めるだろう」と言っています。

皮肉なことですが、今や中国が自由貿易を推進する立場を強調しているのです。11月16日、ペルーのリマで開催されていたAPECにおいて中国の習近平主席は「さまざまな口実で経済協力を阻害し、相互依存の世界を分断する行為は歴史に逆行する行為だ」と自由貿易体制の重要性を強調。石破総理との日中首脳会談では「日中はウィンウィンの協力を堅持しグローバルな自由貿易体制を守るべきだ」と述べたのです。米国が自由貿易を否定するようになり、一方で中国が自由貿易を提唱する皮肉な構図となってきました。

そもそもなぜ米国の工場が閉鎖されるのでしょうか？　それは米国の人件費が高い上に、ほとんどの製造業の分野で競争力を失ったからです。ところがライトハイザー氏はこの現実に背を向けて貿易協定の変更に解決策を求めようとしています。無理な話です。米国の労働力の教育水準が向上して、テクノロジー企業やコンサルティング企業が世界で圧倒的なプレゼンスを確立し、結果的に米国全体のコストが上昇して製造業が衰退していきました。とどのつまり〈雇用喪失の解決策としての輸入制限措置〉は機能しないのです。

ライトハイザー　4つの戦略

ライトハイザー氏は中国に対して戦略的デカップリングを断行しようとしています。そしてその方法として中国に対して4つの戦略を提示しています。

1. 一定期間をかけて貿易収支を均衡させるレベルまで関税を引き上げる
2. 重要な技術を切り離す
3. 米国内投資への監視と制限
4. 中国への投資の制限

これでは中国側もたまらないでしょう。

とにかく貿易収支を均衡させるには米国からの輸出が増えて、輸入が減らなければなりません。この目的のために輸入関税を引き上げるわけです。方針として貿易収支が均衡するまで関税を引き上げると言うのです。これらの方針を続けても、目標を達成することは困難です。

実例をみてみましょう。トランプ第1次政権時代2018年~2019年にかけて中国からの輸入品に対する米国の平均関税率は4%から26%に上昇しました。この結果どうなったかというと、輸入は確かに関税の影響で減ったのですが、実は米国から中国への輸出も激減してしまったのです。というのも中国からの輸入が減ってしまったので、その穴埋めを米国内で生産したもので補います。このように米国内の工場で生産したものが国内の消費者向けとなってしまい、輸出余力が大きく減ってしまったのです。

かように貿易収支の均衡化は極めて困難なことなのです。結局は関税引き上げによって米国では中国への輸出入がともに減少することとなり、貿易収支はほとんど変化がなく逆に貿易赤字が拡大するという結果となりました。

かように貿易収支だけを問題にする姿勢もおかしいと思います。というのも日本自体が膨大な貿易赤字に苦しんでいます。特に昨今の赤字が急増しているのは、いわゆる〈デジタル赤字〉と呼ばれるものです。日本はアップルやアルファベット（グーグル）やマイクロソフト、アマゾン、メタ・プラットフォームズ（フェイスブック）、ネットフリックスなどに対して膨大なお金を支払っています。実はこれらの赤字は米国の黒字にカウントされていないのです。なぜかというとこれらの赤字はほとんどタックスヘイブンへの赤字とカウントされてしまうからです。これっておかしくないですか？

日本はこれほどの貿易赤字を米国に対して背負っているのに、なぜモノの黒字ばかりが強調されて関税を引き上げられるのでしょうか？　このあたりはしっかり日米交渉で説明する必要があると思います。そもそも米国がこれほど製造業だけの貿易赤字に固執するのはおかしいのです。

米国の雇用と輸出の増加は製造業でなくサービス業に集中しているのです。米国での製造業の雇用の割合はわずか9%に過ぎず、それも減る一方なのです。ライトハイザー氏は自らの生い立ちから製造業への思い入れが極めて強く、製造業の復活を目指しています。しかしそれは実質的に不可能であり、本来なら米国が国として追求すべき目標とは思えません。

iPhoneにみる世界と米国の構造

ここで典型的な国際分業の例としてアップルのiPhoneのサプライチェーンをみてみましょう。iPhoneの設計は米国のエンジニアが行っています、いわば頭脳の部分は米国で形作られているわけです。そしてiPhoneを構成する部品については、半導体など先端的な技術を使った部品にあふれているわけで、それらの部品は日本や韓国や台湾やドイツで作られています。そして最終的に人手のかかる組み立てにおいて、これら中国の工場で主に組み立てられているわけです。いわば米国は一番重要な頭脳、日本などは同じく精巧な部品を作る技術部門、そして最後の単純労働を中国の労働者に頼っています。このようにアップルのiPhoneは国際的な分業によって形作られるわけです。

このような生産の効率化、専門化は効率性の向上をもたらします。しかし先に書いたように工場が移転や閉鎖、地域がすたれてしまうことで地域経済を混乱させてしまうリスクが常に伴ってくるわけです。アダム・スミスは「労働者は専門化すれば生産量が増える」と述べていて、それはその通りなのです。しかし効率性を極限まで求めていった結果として、それがグローバル化の波を引き起こして米国の製造業は雇用を失っていきました。

振り返ってみて、なぜこれほど米国の輸入が増えていったのでしょうか？　これは実は27年前のアジア危機に端を発しています。１９９７年タイから始まったアジア危機が世界を覆いました。韓国も国家破綻し、ロシアも国家破綻してしまいました。ここでの教訓は「いざという時にドルを保有していないと大変なことになってしまう」ということでした。アジア危機は各国の通貨が暴落し連鎖して止めることができなくなっていったのです。危機を経験したアジア各国の中央銀行は主に米国債を購入することでドルを保有し、外貨準備の額を増やすようになっていきました。この流れの中で米国は資本収支が大幅な黒字となっていきます。それは各国がドルを求めて米国債を購入し続けるのですから当然です。

そうなると米国は大幅な黒字を均衡させるために米国自体が輸入を増やして膨大な黒字を相殺する必要に迫られたわけです。こうして米国の膨大な輸入による貿易赤字が恒常化するようになっていきました。こうみていくと米国はいくら貿易赤字を出し続けてもドル安になることもなく極端なインフレになることもない、これは米国のドル特権のはずです。米国だけができるのが、この恒常的な貿易赤字をデメリットを少なく享受できるわけです。このような特権をどうして手放す必要があるのでしょうか？　トランプ氏もライトハイザー氏も貿易赤字にこだわり過ぎと思います。米国は貿易赤字というドルの特権を十分に謳歌しているわけなので、それを無理して壊す必要があるのでしょうか？

今後、関税を引き上げればさまざまな問題が発生してくると思います。ライトハイザー氏は２０１８年から行った中国への関税引き上げについて「経済の専門家たちは関税引き上げで米国でインフレが起こると主張してきましたが、起こらなかった」と言っています。しかし今回の60％の引き上げでは、インフレが起こることは避けられないと思います。

トランプとＦＲＢの対立は前政権時から

「トランプ氏の顧問の一部は、トランプ氏が辞任を求めた場合、あなたは辞任すべきだと言っている。辞任しますか？」という記者会見での質問に対してパウエル議長は、

〈Ｎｏ！〉と一言のみ。

ＦＲＢ議長が辞任する法的義務はありますか？

NYダウ日足（2018年11月1日〜2019年3月1日）

〈Ｎｏ！〉と一言のみ。

不機嫌さを隠さないパウエル議長はトランプ氏が嫌いなようです。議長はもともと法律家です。同議長の任期は２０２６年５月末まであります。しかしながらそこまでパウエル議長がその職を全うできるかどうか疑問に思います。

トランプ氏は金融政策に対して「大統領はＦＲＢに意見を言えるようにすべきだと思う」「私は大金を稼いで大成功した。ＦＲＢの議長より私のほうが優れた直感を持っていると思う」と述べている通り、これが本音だと思います。トランプ氏としてはどうしても自分の意のままに政策を進めたいという思いが強く、自らの意にそぐわない政策の遂行には我慢がならないものと思います。

特に時の政府と中央銀行の関係は緊張関係を生み出すことが多いわけです。政府は景気を良くしてほしいので金利を下げたい。しかし中央銀行の一番の責務はインフレ抑制ですから、金利を引き上げたい。ですから常に政府と中央銀行は緊張関係となることが多いわけです。このため政府の意向によって中央銀行の政策が左右されないようにその独立性が重要であるというわけです。しかしトランプ氏の性格からして遠くない時期にＦＲＢとの深刻な対立が始まる時があると思います。

第１次政権時の２０１８年12月、トランプ氏はＦＲＢに対して利上げしないよう忠告していました。ところがＦＲＢは利上げを断行しました。結果として株式市場は大混乱となり、後に言われた〈クリスマス暴落〉が起こったのです。この時のトランプ氏のＦＲＢに対する怒りは尋常ではありませんでした。トランプ氏は「我々の唯一の問題はＦＲＢだ。市場への感覚もなければ必要な貿易戦争やドル高、国境問題を巡る民主党による政府閉鎖といったことがわかっていない。ＦＲＢはまるで空振りする強力なゴルフ選手みたいなものだ。パットができないんだ！」と、こきおろしました。

２０１９年７月にＦＲＢが10年半ぶりの利下げを行った時も不満で「我々の敵は誰なのか？ジェイ・パウエルか、習近平主席か？」としてパウエル氏を習近平主席と並ぶ敵と称したのです。トランプ氏はどうしてもＦＲＢのやり方を自己流にしないと気が済まないようです。

2024年4月のウォールストリートジャーナルの報道によると「大統領が政策金利を決める実質的なメンバーと認める人物を次期FRB議長に据える草案を作った」ということです。今年7月にトランプ氏はインタビューに答えてパウエル氏について「彼が正しいことをやっている場合は途中で解任することはない」と発言。ただ一連のパウエル氏に対する発言をみる限りトランプ氏はまったく評価していないようで、いずれ深刻な対立が表面化してくることは避けられないと思います。

長期金利が上昇した米国に多大な利払い

そして問題は米国の長期金利がここにきて、じわじわと上昇してきたことなのです。朝倉は今後、米国でインフレが再燃するとみています。そしてその時に金利を引き上げようとするパウエル氏と利上げを許さないトランプ氏との間で決定的な摩擦が起こってくると思うのです。

米国の長期金利の動きをみると9月18日に0・5%利下げした時から上昇し始めているのです。普通は利下げしたのですから、金利が下がるのが当たり前です。しかし長期金利は逆の動きになっています。そしてこの原稿を書いている11月中旬には米国の長期金利はついに4・5%まで上昇してきてしまいました。パウエル氏はこの長期金利上昇について「国債の利回り上昇はインフレ期待の上昇を主因としておらず、成長が強まり、おそらくは下振れリスクが弱まったことを反映していると思う」と述べていますが、本当にそうでしょうか？

パウエル氏は9月からの長期金利上昇は〈良い金利上昇〉であり、景気が良くなってきたので金利が上がっているというわけです。そういう面もあるかもしれません。でも、実際は米国経済においてインフレ再燃の芽が出始めてきたと思います。

米国の消費者物価は9％台から2％台に下がってきました。しかしここにきて10月は消費者物価も生産者物価も小売売上高も上昇してきたのです。消費者物価の上昇は7カ月ぶり、生産者物価の上昇は4カ月ぶり、小売売上高は9月の数字が0・4％増から0・8％増に大幅上方修正されました、これだけの大幅な上方修正は久しぶりのことです。景気が再びインフレ気味に変わってきた変化が出てきていると思うのです。

そして2025年1月、いよいよトランプ第2次政権が始まります。そこではこれだけ景気がいいのに、さらに減税の延長や規制の緩和など景気を押し上げる政策が山のように待っているのです。これでは頭をもたげてきたインフレが再点火しても、おかしくないと思います。

その上、米国の真の大問題は膨大な発行額にまで膨らんできた米国債の発行額です。米国は金利が上がってきたことで、今後これまで積み上がってきた政府債務に多額の利払いが生じてきています。この利払い費捻出のために、さらなる米国債の追加発行が避けられない情勢なのです。まさに米国の財政は借金して借金の金利を支払う自転車操業になっていくわけです。トランプ氏は景気を第一に考えるので、ＦＲＢによる利上げには徹底的に反対することとなるでしょう。政府支出と国債発行の両方が増加していきます。これが国債価格を引き下げる、言葉を代えると長期金利の上昇につながっていくわけです。9月からの長期金利の動きをみると完全にトレンドが変化してきたように思えます。このような中、仮にインフレが再燃した場合、ＦＲＢは政権からの圧力によって金利引き上げが極めて困難となるでしょう。

米国債は大量発行されるのですが、それを購入する投資家がどれだけいるのでしょうか？米国債の発行額は日本円で5000兆円を超えるほど膨大な額に達しています。すでに機関投資家や中央銀行のポートフォリオにかなりの部分を占めています。だから投資家の多くは米国債を持ちすぎていると感じています。そこに地政学的なリスクが襲いかかるのです。

米国の超党派で作る〈責任ある連邦予算委員会〉では、トランプ氏の公約で2026年～2035年度で7・5兆ドル（約1100兆円）に上る財政赤字の拡大になっていくと言うのです。

実は第1次政権と第2次トランプ政権では圧倒的な違いがあるのです。それは利払い費です。第1次トランプ政権時の利払い費は2400億ドルでした。それが2024年度、第2次トランプ政権時は8900億ドル（約137兆円）と以前に比べて3・5倍にも膨れ上がってきたのです。財政赤字縮小は喫緊の課題ですが、それに相応する政策は心もとないものばかりです。

米国債2年物日足（2024年7月31日～11月12日）

米国債10年物日足（2024年7月31日～11月12日）

まさにイーロン・マスク氏が提唱している国家財政の3分の1にあたる2兆ドルの財政削減ができるのかどうかが重要となってきます。

米国のインフレは再燃する

そもそも不況を経ずにインフレを収めるのは、あまりに都合のいい考えのように思います。今回は40年ぶりに襲ってきた本格的な世界を覆うインフレであり、簡単に収まるとは思えません。世界的なインフレを引き起こした背景として、膨大な各国のマネー印刷があることは明らかと思います。主要中銀の資産残高をみるとＦＲＢはリーマンショック時の8倍、日銀は7倍、ＥＣＢは5倍に達しています。

しかもコロナ前から比べると、その勢いは増しているわけでＦＲＢはコロナ前から2倍、日銀は１・４倍、ＥＣＢは１・３倍の規模にまで膨らんでいるのです。これら中央銀行が創出した膨大なマネーは世界中の資本市場を駆け巡ってマネーの饗宴《きょうえん》を引き起こしています。

金相場やビットコイン相場の急騰や株式市場が上がり続ける背景も、この膨大なマネーの量に支えられているわけです。１９７０年代はニクソンショックによってドルが無尽蔵に印刷される流れが生じて、インフレが止まらなくなったわけです。今の流れは１９７０年代の再来と感じます。ニクソン大統領の時代のＦＲＢ議長アーサー・バーンズ氏はインフレが収まるたびに利下げを行いました。そしてそのたびにインフレが再燃し続けたのです。

まさに9月に利下げして長期金利が上昇し始めてインフレの足音が聞こえてきた現在とあまりに似通っていると思いませんか？　しかも大統領はトランプ氏ですから、絶対的にインフレ抑止の利上げを簡単に許してくれないでしょう。結局、景気は過熱気味になってインフレは激化していくでしょう。そのような中で財政赤字はますます膨らんでいくことでしょう。株が下がれば、即座に金融緩和政策が実行されると思います。誰もが株が下がり始めて、景気が悪くなり始めたら、引き締め政策など許してくれるわけがないのです。

70年代の米国のインフレが収まったのは、ボルカー氏が現れて利上げを繰り返し、政策金利を20％にまでして景気を徹底的に悪化させて、街を失業者であふれ返すまで金融引き締めを続けたからでした。このボルカー氏の徹底した金融引き締めによる景気悪化によって、米国では弱い企業が続々と潰れ、強い企業だけが生き残ったのです。そして米国はその後、長期にわたる経済的な繁栄を手にすることとなりました。激しい金融引き締めによって経済が強靭化したのです。かようなとても常人ではできない引き締め策を行ったことでボルカー氏は中銀総裁の鑑《かがみ》として多くの金融関係者の尊敬を集めているわけです。

今の時代にどんな中銀総裁もかような芸当ができるとは思えません。ましてやトランプ大統領の下で不況を招く金融引き締め策はできるわけがないのです。パウエル氏がいくら信念を持ってインフレを抑えようとしても、トランプ政権の圧力によって辞任に追い込まれてしまうでしょう。かように今後の米国ではトランプ政権の下、インフレが再燃、景気が過熱してくるのが必至と思います。そして市場にバラまかれた膨大なマネーがうなりを上げて大相場を演出することとなるでしょう。

財政赤字をインフレで返済する

もはや米国の財政赤字は普通のやり方では返せるはずもありません。日本も同じく膨大な財政赤字を抱えて、まともに返せるはずがないのです。結局、政治家が作り続けてきた膨大な財政赤字のツケを支払うのは庶民なのです。庶民は知らず知らずのうちにインフレという目にみえない税金によって、国の借金の尻ぬぐいをすることとなるのです。これが長い人類史の歴史です。

インフレは始まりました。日本でも40年ぶりに本格的なインフレが始まってきました。世界もインフレに向かっています。そして新たに発足するトランプ政権は、このインフレの波に火をつけることとなるのです。世界の波に抗することはできません。

そして日本でもいよいよインフレが加速していく流れが始まってくるのです。そもそもガソリンや電気やガスの補助金を始めた時点で、もう勝負がみえてきていたわけです。かような政策は一度始めるとやめられないのです。ですから日本でもこれら補助金は延長に次ぐ延長となっています。そしてこれらに投下された資金源は結局のところ、国債を発行して補助金を捻出しているわけです。一見すると補助金でガソリン、電気、ガス代が下がったと喜んでいるかもしれませんが、そのツケは結局インフレとなって返ってくるのです。

「ただより高いものはありません」。政府は国民を助けてくれるようにみえて本当の意味では、その時の政治家がごまかしの政策を続けているだけなのです。インフレが襲ってきます。あなたの現金が暴落するのです。時代の変化をしっかり感じ取ることが重要です。株式投資、不動産投資、金投資、外貨投資、どれでもいいので、何が何でも現金から逃げ出さなくてはならないのです。

第4章

ドイツ分断と欧州危機、そして台頭するＢＲＩＣＳとロシア

ドイツのための選択肢（ＡｆＤ）の台頭

「東、東、東ドイツ」の大合唱が広場全体に怒涛のように連呼され続けました。人びとの熱狂が広場を埋め尽くしているのです。右派政党の「ドイツのための選択肢」（ＡｆＤ）は圧倒的な民衆に支持されていることがわかります。ＡｆＤは自らをドイツの東部の代弁者とアピールしていて、人びとは大きな期待を寄せているのです。

ＡｆＤの新星ルネ・アウスト氏は「旧東ドイツが、他のドイツ国民に教えてやる」「旧西ドイツの人びとに平和的な革命を引き起こす方法を見せつけてやるのだ！」との強烈なメッセージを発して、それに民衆が狂喜しています。

9月に行われたドイツ中部に位置するチューリンゲン州の選挙ではＡｆＤは32・8％という圧倒的な得票率を得て、圧勝しました。政権与党のショルツ氏率いる社会民主党の得票率はわずか6・1％、連立を組む緑の党は3・2％、同じく自由民主党は1・1％という惨憺《さんたん》たる得票率です。ショルツ首相は「苦々しい」として「ＡｆＤはドイツにダメージを与えている。経済を弱体化させ、社会を分裂させ、我が国の評判を落としている」と言っています。ですが、政権与党がこれほど惨敗しては、たとえショルツ氏の発言が正論だとしても話になりません。

チューリンゲン州でAfDの最有力候補だったビョルン・ヘッケ氏はドイツで大きな物議を醸している人物です。同氏はナチスのスローガンを使用した罪で罰金を科せられたこともあります。チューリンゲン州のAfDは問題が多いとして公に右翼過激派に指定されているのです。そのAfDが選挙で大勝、この地域の極端な右傾化に歯止めがかからないどころか、ますます過激、暴力的になってきているわけです。いったいドイツで何が起こっているのでしょうか？

フォルクスワーゲンの苦境

「工場の継続、雇用の継続を！」

9月25日、ドイツのハノーバーでは数千人のシュプレヒコールが響いていました。VW（フォルクスワーゲン）の第1回の労使交渉が始まったのです。これに先立ってVWの経営陣は創業以来決して行わなかった工場の閉鎖を提案したのです。世界の冠たる自動車産業を持つドイツの自動車産業の象徴的存在であるVWが歴史ある工場を閉鎖したいというのです。これは同社のみならず、ドイツ国民全体にとっても想像を絶する衝撃でないはずはありません。日本で仮にトヨタが工場閉鎖すると発表したらどうでしょうか？　それに匹敵するショックがドイツ全体を襲ってきたのです。

ましてやその当事者であるＶＷの従業員にとって自らの生活がかかっているわけです。従業員の代表は「経営は責任を負わない、私たちは怒っている」と怒りが収まらないようです。労組幹部は「人員削減で利益をひねり出すのは無謀で無責任だ。歴史的な過ちだ」と経営側に対して一歩も引かない構えです。その経営陣は労働側に１９９４年から続いてきた「強制解雇の排除に対する合意を破棄する」と通告しました。

なぜこれほどまでにＶＷは苦境に陥ってしまったのでしょうか？　これは単に同社１社の問題というより欧州の自動車産業が抱えている問題、そしてもっと広く捉えればドイツ経済が抱えている問題を映し出していると言えるでしょう。

実際、世界の自動車産業を取り巻く環境は激変しています。日本ではトヨタを中心としてハイブリッド車の好調な売れ行きで、日本の自動車産業は好況を謳歌しています。しかしドイツをはじめ欧州や米国の自動車産業の実体は違います。欧州や米国の自動車メーカーはＥＶの開発で中国に後れを取り、ハイブリッド車では日本勢に後れを取り、現在の世界の自動車産業で負け組となってしまっているわけです。

特に欧州では環境問題に焦点を当てて、必要以上にＥＶ化の加速を進めてきたのです。でも気がついてみるとＥＶ車では、中国が圧倒的な安さと技術力でＥＶ市場を席捲するようになってしまったのです。ＶＷはじめ欧州や米国、そして日本のメーカーでもＥＶではとてもＢＹＤ

をはじめとする中国勢に太刀打ちできないのが現実です。

幸いにして日本ではEVは大きく普及していません。日本の隅々にEVを充電する施設が整っていないので、日本ではまだEVは本格的に普及するところまでに至っていません。

また米国は徹底的に中国のEV車を締め出していて関税率も100%に引き上げています。これでは中国車は米国に進出することはできません。ところが欧州では環境問題を旗印にEV化をユーロ圏全体として取り組んできた経緯もあり、それだけVWだけでなく欧州の自動車メーカー各社はEV化に力を注いできました。

ところが結果的に中国勢のような安さや高品質を作り出すことができず、補助金を止めた途端にEVの売れ行きはユーロ圏全域で急減してしまったのです。その大きな煽りを受けた1社がVWでもありました。VWの2024年1-9月のEVの売り上げは前年同期比14%減、しかもEVを作るコストは高すぎてとても収益化しないのです。その結果、先行きが見えず、ついにドイツ国内の工場閉鎖を余儀なくされたわけです。

10月30日、発表したVWの7-9月期決算をみると営業利益は前年同期比42%減、ドイツ国内の高コスト体質が収益の足を引っ張っているのは明らかなのです。アルノ・アントリッツ最高財務責任者（CFO）は「ドイツ国内の工場は競争力のある状態から程遠い。当社は大幅なコスト削減が急務だ。現状維持はできない」と国内事業再編の必要性を強調したのです。

実際、この指摘は事実です。現在のVWは世界の自動車販売でトヨタに次いで世界2位となっています。ところが世界での販売台数はトヨタより200万台少ないのです。しかもVWの抱える従業員は全世界で68万人です。一方でトヨタの抱える従業員は全世界で38万人なのです、従業員1人あたりでトヨタは30台の生産で、VWは13・6台です。従業員1人あたりの生産性でみるとトヨタはVWの倍以上です。これでは世界での激しい自動車産業の競争に打ち勝つことはできないでしょう。

VWの高コストを引き起こしているのはドイツの工場なのです。ドイツの工場は従業員の数が多く、稼働率も悪く高コストです。ちなみに2024年のドイツ国内の工場の稼働率は55%で、これは2019年の67%から大幅に低下しています。欧州全域で自動車産業に従事する従業員の1人あたりの人件費をみますと、ドイツは1時間あたり62ユーロ、スペインは29ユーロ、チェコは23ユーロ、ハンガリーに至っては16ユーロなのです。ドイツの人件費はハンガリーの4倍です。これでは勝負にならないでしょう。

VWのドイツ国内の工場を閉鎖するというのは当然の決断であり、合理的な決断です。しかしながらドイツが世界に誇る自動車メーカーが工場を閉鎖しなければならないという事実、そして何よりもかような大幅な人員削減が可能なのか？　という政治的な問題にもなっていくわけです。9月の段階でVWが国内の工場の閉鎖を計画と報道された時はショックでした。それは1つの工場かと思われていたのですが、10月の決算で言われた国内工場の閉鎖はなんと3つ、国内10工場のうち3工場まで閉鎖したいと言うのです。高給をもらい続けていた同社の従業員にとっては衝撃の話でしょう。

今回の経営陣の決断は重いものです。実際に工場を閉鎖することは政治的にも労働側との交渉にしても難航を極めること必至です。VWは1993年にも赤字に転落したことがありました。そして労組と交渉した経営陣は、3万人の人員削減の代替として週4日勤務という提案を出して労働側と合意しました。この時は経営側も労働側もお互いに危機感をもって巧みな妥協案で交渉をまとめました。それから31年経って再び訪れた危機では1993年のような解決案は通用しないと思います。VWの危機は今後さらに深刻になっていく可能性もあると思います。

とにかくEVでは中国勢が強い。圧倒的に中国勢が強く、BYDなどの安値攻勢にまったく対抗できないのが実情です。BYDが発表した7-9月期決算によると、同期の海外売上は前年同期比2倍となっているのです。驚くべきことですが、売上はブラジルでは前年同期比の8・4倍、タイでは7・3倍に激増しています。

このBYDは欧州委員会による規制によって欧州への輸出は関税が17%かかります。その程度の関税率では競争力を失うことはないでしょう。同社は実質的に米国市場へは参入できませんが、欧州へは大々的に進出しようとしています。欧州では最も人気があるスポーツはサッカーです。ＢＹＤはそのサッカーの祭典、欧州選手権のスポンサーとなりました。

中国市場とロシアのエネルギーに依存していた

またＢＹＤはハンガリーに欧州初の工場建設を行います。ハンガリーのオルバン政権はＥＵの問題児ですが、同政権は中国やロシアに接近して実利を得ようとしています。ＢＹＤは地元である中国では圧倒的に強く、このあおりを受けて欧州勢や日本勢は中国の自動車市場で惨敗状態です。ＥＶでは中国勢にまったく歯が立ちません。中国ではドイツ車も今では高級車とみなされなくなりました。これは別にＶＷだけでなくベンツやＢＭＷ、アウディなども同様です。これらの車は今や中国では〈古臭い〉と思われています。中国の自動車市場は世界で最も苛烈な市場です。その市場でかように中国車のみが伸びていて、日本車やドイツ車が大苦戦している現状は甘くみることはできません。

かつて中国ではドイツ車が幅を利かせていました。中国では日本車は歴史的な経緯から嫌われる傾向があるのに対して中国でのドイツのイメージは良く、ドイツ車は高級車というブランドイメージを長く保っていました。10年前くらいの時点で中国に行くと、かっこよく走っている車はドイツ製で中国製は見劣りする雰囲気でした。

当時の中国車のイメージは〈安かろう、悪かろう〉というイメージでした。それが今では中国車の技術は著しく伸びて中国製の車こそが最新、高級とイメージが広がり、車に対する見方は10年前とまったく逆転してしまったようです。

ドイツ車の現在の中国での販売比率は15%程度です。これはコロナ前の25%から激減している状況であり、今でも販売シェアを減らし続けています。株価も正直でVWもベンツもBMWもその時価総額はBYDの半分以下となっています。欧州ではもう人口が大きく増えませんからドイツの自動車メーカーにとって中国や米国は成長市場のはずです。その成長市場である中国市場でドイツ車は〈我が世の春〉を謳歌してきました。ドイツ経済がここまで好調だったのは、中国での売上が大きく寄与してきたからです。

かつてドイツのメルケル首相は中国詣でを重ねました。しかしながら今後は逆に中国への過大投資が重荷となってくるようです。というのもドイツの自動車各社は中国市場でドル箱のように稼ぎまくってきたものの、それがここにきて一気に奈落の底に落とされてきています。日本メーカーも三菱自動車やスズキなど中国市場からの撤退も相次いでいても、ドイツ企業は日本企業のように中国市場からの撤退は極めて難しいと思えるのです。

それはなぜかというと、ドイツ企業はあまりに多大な投資を中国に行い続けてきたのです。その膨大な投資額からみて、とても撤退できないのです。例えばVWはドイツに10の工場を持っていて、今回そのうちの3つを閉鎖しようと交渉し始めています。中国市場をみるとドイツの自動車メーカーは40以上の工場ネットワークを持っているのです。これでは撤退はそれらの企業の存続に関わる重大問題に発展しかねません、それほどドイツ車の中国市場での失速は深刻な事態を生み出しかねないのです。

振り返ってみるとドイツの鉱工業生産は2017年がピークでした、VWの問題は確かに経営判断ミスによるところも大きかったと思います。ユーロ圏が旗振り役で行き過ぎた環境重視の流れの中で急速なEV化を推し進め過ぎました。またハイブリッド車は過渡期の技術としては優秀で実用的な技術ですが、この技術も軽視し過ぎました。

またVWの問題はビジネスの拠点としてのドイツが直面している根本的な問題を突きつけたとも言えるでしょう。ドイツはメルケル時代に中国市場で大成功を収めました。米国の自動車メーカーなどは中国で大きく稼げず、日本の自動車メーカーも中国ではドイツ車ほど成功を収めることはできませんでした。ところが今になってみるとドイツの自動車メーカーはあまりに中国で成功しすぎてしまって、その大きな反動に見舞われているようです。

これは中国の戦略でもあるのですが、中国は外国の優れた技術を自国に取り入れてその技術を徐々に盗んでいきます。最終的に中国市場では中国国内メーカーが政府のバックアップを基に成長して外国のメーカーを打ち破っていく構図です。そして負け組となった外国メーカーは中国政府にも捨てられて、中国市場から追い出される構図です。VWも中国市場で大きな成功を得たのは一瞬であって、現在に至る過程でわかるように最終的に中国市場から追い出される運命かもしれません。それほど中国市場は難しく、中国政府は手ごわいということでしょうか。

「永遠に拡大を続ける中国市場に頼り過ぎていた」とドイツのハベック副首相はドイツが中国市場にのめりこみ過ぎたことに対しての反省の弁を述べています。同氏はまた「安価なロシア産のガスに頼り過ぎた」とも反省しています。これらドイツ経済の中国とロシアへの依存は「ドーピングのようなものだった」とも言っています。まさにこれです。ドイツは中国とロシアにドイツ経済の命運を頼り過ぎたのです。

中国はその膨大な市場と政府の途方もない補助金をバックにして製造業がみるみる力をつけて、ついにドイツ企業を駆逐するまでに成長してしまいました。同じくドイツはロシアからの安価なガス供給を当たり前のごとく永遠に続くものと勘違いしていたのです。ロシアによるウクライナ侵攻ですべてが変わってしまいました。

中国市場を失いはじめ、もうロシアから安価なエネルギーを得られないドイツ企業は、かつてない苦境に突入しようとしていると感じます。VWの工場閉鎖は問題の始まりにしか過ぎず、これは今後のドイツ経済を襲う大きな衰退のサインだと感じます。中国市場とロシアとの関係を失ったドイツは、恒常的に衰退への道をたどっていくように思えます。VWだけでなく

ＢＭＷの下方修正、ベンツも下方修正となっています。もちろんＢＭＷとベンツの下方修正の主因は中国市場での急激な失速です。インテルによるドイツ工場の建設も延期となりました。

かような中、ドイツ経済の見通しは暗く、２０２４年も２０２３年に続いてマイナス成長になるとみられています。２年連続マイナス成長となるのは〈欧州の病人〉と言われていた２００２年～２００３年以来のことです。２０２５年はプラス成長に転じて１・１％の成長となると予想されていますが、実は２０２３年の暮れも「２０２４年はプラス成長に転じる」と言われていたのに、結局マイナス成長が続いてしまいました。

同じように２０２４年秋の段階で２０２５年のプラス成長を期待しているようですが、ここまでみてきたＶＷに象徴されるように、ドイツは経済に構造的な問題を抱えているように思えます。ユーロ圏全体も含めて、特にドイツの経済の先行きは予断を許さないようです。

東西ドイツの分断

東西ドイツ統一から34年、表面上は落ち着いていていても選挙における極右政党の伸長をみれば社会の水面下で大きな変動が起こりつつある傾向を感じます。とにかくドイツ国内の国民間の内部分裂はかつてないほど深く激しいようです。これはＳＮＳの発達した現代では米国はじめ世界中で起こっていることなのです。ドイツでも経済悪化をきっかけにして国民の分断は許容できない水準にまで高まってきたように思えるのです。

極右政党「ドイツのための選択肢」（ＡｆＤ）が選挙で大勝したのはチューリンゲン州ですが、この州はかつての東ドイツ地域です。共産主義国家であった旧東ドイツ時代から引きついでいる強い反米感情が、ここにきて経済悪化や格差拡大の中で再び頭を持ち上げてきたようです。チューリンゲン州に古くから住み着いている人からみると、かつて旧東ドイツ時代はソ連がすべてを仕切っていたわけです。それが今は米国に変わっただけで「自分たちは何の恩恵もない」という、うっ積した気持ちが強いようです。このようなうっ積した感情を巧みに利用して勢力を拡大してきたのがＡｆＤです。

世界をみると、さまざまな国が大きな変革を経てきました。特に東欧地域はその政治体制が１８０度変わったわけですから、その変化も強烈だったと思われます。そのような大混乱の中で、最もうまく混乱を乗り切って安定しているとみられていたのがドイツの東西統一のケースでした。東西ドイツ統一後、ドイツ政府は旧東ドイツ地域に１・６兆ユーロ（約２５８兆円）もの巨額な財政移転を行いました。東部へのインフラ支援、半導体産業などハイテク産業の誘致を行って何万人もの雇用を作り出したのです。まさに東西ドイツの統一は世界の見本でした。

ところがその恩恵を受けたはずである旧東ドイツ地域は、さびれていく一方だったのです。

旧東ドイツ地域の人たちは「〈輝かしい東西ドイツの統一〉という成功物語の実感はほとんどない」と言うのです。というのも旧東ドイツ地区は人口が減る一方で、ベルリンを除いてほとんどの地域で人口減少していて、さらにその人口減少は加速する勢いなのです。統一してから370万人という膨大な人たちが旧東ドイツ地域から旧西ドイツ地域に移住してしまったのです。

これは当然と言えば当然で、人びとは貧しい旧東ドイツ地域にいたくなくて、豊かな旧西ドイツ地域に移住したものと思います。この移住した人の大部分は高学歴者でした。そのため旧東ドイツ地域には年寄りと男性だけが残ったというのです。こうなってはますます経済も悪化するわけですし、地域も活性化されません。

結果として旧東ドイツ地域に住む人は、旧西ドイツ地域に住む人に比べて賃金が少ない状態が恒常化してしまいました。そうなれば必然的に保有資産も少なくなります。その結果、旧東ドイツ地域に住む人の平均的な保有資産額は4万3400ユーロ（約700万円）となり、この水準はドイツの全国の平均の半分以下なのです。まさに旧東ドイツ地域はドイツの〈過疎、貧困を象徴する地域〉となってしまっていったのです。

このような活力のないさびれた実体が旧東ドイツ地域に住む人たちの姿です。考えてみると彼らはソ連に支配されていた旧東ドイツ時代から高い失業率、工場の閉鎖という悲惨な体験に見舞われ続けてきました。そしてここにきてドイツ全体の経済が悪化することで、旧東ドイツ時代を思い出させるように生活水準の更なる低下に追い込まれてきたわけです。

そのような地域の閉塞感が背景にあり、極右政党AfDへの多大な支持を与えているのです。旧西ドイツの人たちからみると、この旧東ドイツの人たちの、ひがみというか不満は理解を超えたものと感じているようです。旧西ドイツの人たちは「旧東ドイツの人たちは信じがたいほどの横暴さで自分たちは蹂躙《じゅうりん》されたと感じている」と言うのです。

一方で旧東ドイツの人たちは「政府はまったく自分たちをみてくれていない。自分たちは見放されている。その一方で政府は民主主義を守るとか言って、ウクライナに巨額の支援を行っている」と不満が尽きないわけです。まさにこの構図は米国大統領選挙の帰趨《きすう》を決める焦点となっていたラストベルトの人たちの怒りと一緒の構図に思えます。

結局、突き詰めて考えてみると「東西ドイツの統一は表面上成功したが、本当の意味での国民の統一はできず、感情的な亀裂が埋まることはなかった」ということでしょう。それがここにきて国民世論の分断、政治的な混乱となって表面化してきたわけです。

旧西ドイツの人たちからみれば、旧東ドイツの人たちは〈恩知らず〉ということでしょう。あれだけ貧しかった旧東ドイツ地域に膨大な税金を投入してあげて、インフラ整備も行って、なおかつ東西ドイツ統一当時、東西マルクの交換比率も当時のレートでは破格のレートでした。

西ドイツマルク1に対して東ドイツマルク2という、極めて東ドイツの人たちに有利な交換比率を設定してあげたわけです。旧西ドイツの人たちはある意味、懸命に旧東ドイツの人たちを助けて持ち上げて旧西ドイツ地区のように豊かにしようとしたわけです。

それはドイツが東と西に分かれた結果、膨大な経済格差がついてしまって、それを急激に埋めるためには旧西ドイツの人たちが積極的に援助する気持ちにならなければできなかったわけです。ところが旧東ドイツの人たちは旧西ドイツの豊かさを最後まで得ることはできなかったのです。そして旧東ドイツの人たちは今では過去の多大な援助に対して感謝する気持ちもないと思います。ただ見放された地域として政府や社会に対して不満と憤りを感じているわけです。これでは旧西ドイツの人たちは腹も立つでしょう。

しかも旧東ドイツの人たちは、ここにきて極右のとんでもない政党を選んでドイツの政治を大混乱させようとしている。そこで旧西ドイツに住むエリートたちは「旧東ドイツの人たちは愚かだ」と言うわけです。かような東西ドイツの経済的、感情的な分断は収まることなく、今後さらに分断を深めて対立する構造を深めていくでしょう。これが今の時代です。

米国でもドイツでも欧州全体でも、そして世界全体でも起こっていることです。そしてSNSの発達で人びとは自分の好きな考えや政治的な志向を強めていきます。SNSでの情報は自らの強い理屈が正しいことを証明してくれます。

こうしてどんな国の人たちもどんな環境の人たちも妥協する気持ちを失っていくわけです。政治の分裂、国民の分裂、感情の行き違いは、あらゆる地域で起こってきています。ウクライナとロシア、ロシアと欧米諸国、イスラエルとハマスやイラン、米国と中国、あらゆる地域で深刻な対立があり、なおかつ各々の国内でもお互いが激しく対立しつつある。この分断化された国家や国民や人びとの姿は現在の象徴でもあると感じます。

ドラギ報告書の衝撃

こんな中、欧州委員会は欧州経済の立て直しに向けた報告書を発表しました。「この報告書はEUの生死を分ける要求をまとめたものではない。しかし、これを実行しなければ、じわじわと苦しむことになる。われわれは即座にEU全体で生産性を引き上げる努力をしなければ持続可能な環境で繁栄とか公平性、自由、平和、民主主義、こういった基本的な権利を人びとに提供できなくなる」——9月9日に発表された欧州委員会の報告書（ドラギ報告書）は、その前文で並々ならぬ危機意識を表明しています。

「自由や民主主義が守れなくなる」「平和や繁栄を保てなくなる」という報告書の前文は、まさにヨーロッパ全体がその存在意義を失っていくかのような危機感にあふれているのです。この報告書はEUが欧州中央銀行（ECB）前総裁でイタリア前首相のマリオ・ドラギ氏に依頼し作ってもらったものです。ドラギ報告書は欧州の競争力強化に向けた施策をまとめた優れた提言で、その前文にこれだけ危機感が表明されているのは、「欧州が今後競争力を回復できなければ、欧州の未来は極めて暗いものになっていく」という警告でしょう。

実際、昨今の情勢をみると不穏な空気が欧州全体に襲いかかってきています。端的に言うと、極右や極左などの政党が、かつてのヒトラー崇拝の時期を彷彿させる勢いで勢力を拡大させてきているのです。

9月1日に行われたドイツ東部2州での州議会選挙では、右派のポピュリズム政党ドイツのための選択肢（AfD）が大躍進したことは前記した通りです。ただチューリンゲン州では得票率はなんと32・8％、初めて州レベルで第一党に躍り出たのです。ドイツ国政最大野党で中道右派のキリスト教民主同盟（CDU）は23・6％の得票率、1月に立ち上げたばかりの左派新党のワーゲンクネヒト同盟（BSW）が15・8％でした。

これに対してショルツ首相率いる政権与党ドイツ社会民主党（SPD）はわずか6・1％、連立を組む環境政党の緑の党は3・2％、同じく連立を組む自由民主党は1・1％という、まさに政権与党全体で大惨敗です。この結果、緑の党と自由民主党は得票率が5％割れとなり、チューリンゲン州議会において議席を持てなくなったのです。連立する政権与党3党合わせての得票率がＡｆＤの３分の１に届かないのです。いかに民衆が現在のショルツ政権に対して強い不満を持っているかがわかります。

同日行われた隣のザクセン州でもＡｆＤは30・６％の得票率で第二党、第一党はキリスト教民主同盟で31・９％の得票率でした。ちなみにここでも政権与党のドイツ社会民主党は惨敗で、得票率７・３％に過ぎませんでした。ショルツ首相は「苦々しい結果だ」と心境を明らかにしましたが、これでは今後、政権与党がまともに政策遂行など行えるわけもありません。

しかしながら「反ナチス」はドイツの国是だったはずです。それがナチスの再来を思わせる極右の〈ドイツのための選択肢〉にかような支持を与えるとは、ドイツ政治は異様な事態です。

実際、〈ドイツのための選択肢〉のチューリンゲン州支部はドイツの内務省の憲法擁護庁より「極右過激組織」に指定されていて、監視されている状態なのです。〈ドイツのための選択肢〉の州幹部は外国人に対して差別的な言動を繰り返していて、これが問題とされています。特に〈ドイツのための選択肢〉の州筆頭候補であるビョルン・ヘッケ氏は、ナチス時代の突撃隊が使ったスローガンを演説の中で使い、国民扇動罪で有罪判決を受けている人物です。

ヘッケ氏は選挙後、「われわれはチューリンゲン州の新しい国民政党になった」と勝利宣言しました。この〈ドイツのための選択肢〉と並んで大きく躍進した〈ワーゲンクネヒト同盟〉は極左政党で、「親ロシア、反難民」を標ぼうしています。

フランスでも6月末に行われた国民議会選挙では極右政党の〈国民連合〉が圧勝、第一党となっています。9月29日に行われたオーストリア議会選でも極右政党が大躍進しました。極右政党の〈オーストリア自由党〉は、「オーストリアは移民を寄せ付けない要塞になるべきだ」と主張しています。昨今の欧州では完全に極右政党が市民権を得たようです。かつて欧州政治の軸だった保守と社民の二大政党の流れは消滅しつつあるようです。

人びとの強い反移民感情やインフレや生活苦の不満が、欧州の政治を直撃し始めています。

ドイツ経済悪化の実態

背景として格差の拡大や経済の悪化、そのはけ口としての移民への不満は爆発寸前です。特に経済では欧州の核となるべきドイツの経済悪化は目を覆うほどです。ドイツの7-9月期GDPは0・2%増と4-6月のマイナス成長から脱しました。しかしドイツ政府が10月9日に発表した2024年の実質成長率はマイナス0・2%としていて、これは4月時点のプラス0・3%成長から大幅な下方修正となっています。10月17日ECBは0・25%の利下げと2会合連続で政策金利の引き下げを決めました。12月にも利下げするとみられています。ユーロ圏の消費者物価は7月2・6％、8月2・2％、そして9月1・7％と順調に下げ3年3カ月ぶりに2％を割り込みましたが、10月は再び2・0％となりました。とにかく欧州全体景気がパッとしない。小売売上高は横ばいが続き一向に消費が盛り上がらないのです。2022年まで8年に渡って行ったマイナス金利政策の反動もあるようで、将来不安がぬぐえず、また金利が上がったことで預金にお金が流れてしまったということもあるようです。

さらに問題は今回の米国大統領選挙でのトランプ氏の当選です。トランプ氏は欧州を重要視していません。そして欧州に防衛費負担の大幅な増加を求めています。しかも貿易に関してEUに対しても関税を課す方針です。ラガルドECB総裁は「いかなる貿易障害も欧州経済にとって下振れ要因になる」と言っていますが、米国との貿易交渉は難航するでしょう。輸出で持ってきた欧州経済が予想以上の打撃を被るのは必至です。

今回のドラギ報告書は、かような「産業の競争力で負ける」というみじめな状況はすべてEU自体が競争力を持ちえなかったことから生じたということで、EUとしてはなんとか競争力を強化する必要があり、その具体的な手法を提言しているわけです。

ドラギ報告書によれば、EUは競争力を強化するために年間8000億ユーロ（約127兆円）の追加投資が必要です。この膨大な投資を、デジタルやクリーン技術、防衛産業などに投下していく必要があるということです。

報告書を受け取ったフォンデアライエン欧州委員長は、「競争力は最重要の課題であって行動の中核でなければならない」と記者会見で強調しました。ドラギ氏によれば、ＥＵの経済成長ベースは持続的に米国を下回っているとのことで、このまま手をこまねいていれば、ＥＵの産業は米国や中国との競争に負けてしまうというわけです。

対中関係で追い詰められるＥＵ

振り返ってみれば、環境重視の下、自動車のＥＶ化の旗振り役となってガソリン車からＥＶへの義務化を強力に推し進めたのは欧州でした。欧州はハイブリッド車などで日本勢に先行されたのでこれを取り返すべく、急激なＥＶ化に舵を切り、この方針を世界の自動車産業のスタンダードとしようと目論んだわけです。

コロナ前は世界中で環境問題が中心議題になって、どの国も「環境問題をおろそかにしてはならない」という強い圧力にさらされました。欧州がリード役となって、なんとしても環境問題を解決に向かわせるという世界の圧倒的な世論の流れが作り出されました。

ところがその後、皮肉なことにロシアによるウクライナ侵攻がありました。これを契機に、日米欧はロシアと敵対するに至ったわけです。こうなると一気にエネルギー危機が起こって、環境問題は隅に置かれるようになりました。ロシアからのガス供給が途絶えた欧州は、エネルギー確保のため、環境問題にとらわれない現実的なエネルギー政策を取るしかなかったのです。本来、環境問題をこれだけ激しく言い続けた欧州は当然、環境問題重視という世界の流れの中で主導権を握ることを狙って、再生エネルギーやＥＶの開発を戦略的に推し進めていると思われていたのです。

ところが実際、欧州は環境問題の中核である再生エネルギーの開発やＥＶの開発において、まったく準備が整っていなかったようです。ドラギ報告書ではＥＵの自動車政策について「産業政策なしで気候変動対策を取った計画不足の重要な例」とあまりに甘すぎて先を見据えていないその場限りの方針を糾弾したのです。

結果的にはＥＵの旗振りで再生エネルギーとＥＶ化の波に乗ったのは、国家を挙げてこの再生エネルギー確保とＥＶ化へ圧倒的に舵を切った中国でした。

現在、中国は再生エネルギーで使われる太陽光パネルや風力発電機で世界を支配するまでに至っています。２０２３年、太陽光パネルにおける中国勢の世界シェアは59・3％と、２０１８年の25・8％から急伸しているのです。風力発電機でも２０２３年の世界シェアは44・２％と、これも２０１８年の22・２％から倍化させています。

ＥＶではＢＹＤの車は欧州勢の半値程度であり、欧州勢も日本や米国勢も中国勢に太刀打ちできないのが実態です。産業政策なく、やみくもに環境重視で走っていったEUの産業政策に厳しい非難が起こるのは当然でしょう。

もっともユーロ圏自体も、時代の流れの中で難しい局面にさらされてきたことも現実でしょう。これはグローバル環境の激変による否応なしの大きな潮流でもありました。もともと欧州と米国とは価値観を共有するパートナーだったのに、昨今はお互いが経済的に苦しく、民衆は不満を抱え、どうしても内向き傾向になってしまいます。

ブレグジットで英国がEUから離脱したのが始まりです。米国もトランプ旋風にみられるように「米国第一主義」で、外より国内に目を向けるようになっています。米国はEUとの関係も、自らの利益を重視する流れに変わってきているわけです。それでも米国とEUの関係は「おおむね良好と言える」とは思います。

しかしながら中国とEUとの関係はまさに今後、難しくなっていくのは必至です。EVにみられるように、中国の急激な技術力の向上によって、今後は中国のメーカーが欧州に押し寄せてくる勢いです。欧州企業にとって今までの中国は成長市場であって、ドイツの自動車産業をはじめとして中国市場で大きく儲けてきたわけです。

ところが今度は、逆に中国勢にEU域内の市場を席巻されそうな勢いです。VWの工場閉鎖という、かつて考えられなかったことが生じているのは、中国勢の著しい伸長があったからです。これでは中国はEUにとって成長市場どころか、排除したい気持ちでしょう。

露呈するモザイク国家の矛盾

さらにロシアとの関係もEUやドイツ経済にとって大きな痛手となりました。前述したように、かつてドイツ経済が強かった理由の一つは、ロシアから安価なガスや原油を安定的に調達できたからです。これがウクライナ侵攻を契機としてできなくなりました。もう欧州はロシアの安いエネルギーに頼る選択肢がなくなってしまったわけです。これではドイツの大きな強みがなくなってしまったのも当然でしょう。

エネルギー確保はどの国にとっても死活的な問題です。この「エネルギー確保」という一番重要な問題において、ドイツは劇的に方針を変えるしかなく、従来と違って高いエネルギーを調達しなければならなくなった現実は厳しいと思います。

ロシアとの対立は今後も延々と続くので、当然、ウクライナへの支援も続きます。さらにドイツは「欧州の雄」として防衛力を強化しなければなりません。今までのように、米国一辺倒に「頼り切る」という状況ではまずいわけです。このような劇的な変化と、さまざまな新しい緊急の必要性が生じて、ドイツとしては「いくら資金があっても足りない」というのが実情でしょう。

こうなってくると、どうしてもEUの構造的な問題もあらわになってきます。EUは欧州の国家の総合体であり、国家ではありません。EUは国家ではなく欧州域内のさまざまな国家を束ねている存在です。となると、どうしても主権の問題があります。いったい、物事を決める際に決定権があるのはEUなのか、各々の国家なのか、ということです。まさにEUはモザイク国家であって、危機時にはその矛盾が露呈することとなるわけです。

今回、ドラギ報告書ではEUの競争力の問題を提起して、その解決策として年間127兆円の資金を拠出する必要があると謳っています。それは妥当な提言でしょう。

しかしながら、問題はその財源はどこから来るのか？　ということです。EU全体で資金を拠出するとなれば、当然、頼られるのはドイツです。

ところがこれまで述べてきたように、ドイツは国内の政治と経済が荒れ模様で政権がいつ倒れるかわからず、思い切った政策など打てません。

ドラギ報告書では「EUがまとまって共同債を発行して資金を調達すべき」と言っています。EUとしての政策であれば、当然、EU共同債を資金の拠り所とすべきでしょう。このEU共同債はコロナ禍においても発行されました。その額は8000億ユーロ、まさに今回のドラギ報告書が示した額と一緒です。EUの置かれた現実を考えれば競争力の劇的な向上を図るのは当然の選択であって、そのための資金はEU各国が積極的に拠出すべきでしょう。デジタル、クリーン技術、そしてなんとしても防衛力の向上はロシアとの対立に備えて急務です。

ところがこのドラギ報告書が出た途端に、ドイツのリントナー財務相（当時）は反対声明を出しました。というのも8000億ユーロとなれば、現在のEUのGDPの4・7％にも達します。これは第二次世界大戦後の欧州復興計画、マーシャルプランの規模を超えるものです。「こんな膨大な拠出はとてもできない」ということでしょう。同財務相は「ドイツは賛成しない」と語ったのです。そして、「EUの抱える課題は資金面ではなく官僚主義などに起因している。政府債務が増加すると利子も増えるが、必ずしも成長を生み出すとは限らない」と述べています。

かように結局のところ、EUはまとまって行動することができません。国家のようで国家でないモザイク連合体のEUは、その矛盾が至るところで出てきています。ますますEU全体は混迷を深めていく流れが続くように思えます。

拡大するBRICSとロシアの思惑

そんな中、ロシアはついに北朝鮮とも結託、ウクライナ戦争に北朝鮮の兵士が参戦します。世界は対立を増す一方です。

「違法な制裁を含む非合法な一方的な強制措置が世界経済や国際貿易に及ぼす悪影響を深く懸念する」

――10月23日、ロシアの西部カザンで開催されていたBRICSの拡大会議は、開催地のカザンの名を取った「カザン宣言」を発表しました。BRICSの参加国は拡大する一方で、昨年まではロシア、中国、インド、ブラジル、南アフリカの5カ国でしたが、今年1月新たにエジプト、アラブ首長国連邦（UAE）、イラン、エチオピアの4カ国が参加して9カ国になり、カザンで初めて拡大会合を開催したのです。

さらにこの会議にはパートナー国としてトルコやタイ、マレーシア、ベラルーシなど、30カ国超の国の代表も参加したのです。議長国であるロシアは、この大盛況ぶりに満面の笑みです。プーチン大統領は「米欧諸国が新興・途上国であるグローバルサウスの発展を妨げている」として G7など米欧諸国を非難、このBRICSを米欧との対抗軸に位置づける構えです。

とにかくロシアのやることは強引で、えげつないことばかり。プーチン氏は米欧を貶《おとし》めるためなら手段を選ばないという姿勢です。ロシアは国際的な制裁を受けている北朝鮮から弾薬や弾道ミサイルを調達するだけでなく、ついに北朝鮮兵までウクライナ戦争に参加させてしまいました。

プーチン氏は国際法や国際的な非難などお構いなしで、とにかく、「米欧憎し」で欧米との対立を先鋭化する姿勢です。しかしながら、そのロシアに多くの国の代表が集ってBRICSの勢力は拡大する一方です。

カザン宣言で言う「世界経済に悪影響を与えている非合法で一方的な措置」とは何でしょうか？　これは新生BRICSの9カ国が一致して主張しているのですから、単に（G7をはじめとする国々による）対ロシア制裁のことだけを指しているものではないと思います。

ロシアに対する欧米や日本の制裁であれば、インドやブラジルなどは一定の理解と支持があると思います。となると、この「非合法で一方的な措置」とは最近、米国が行った新たな制裁を指しているものでしょう。

米国による新たな制裁とは、「ロシアの制裁逃れに加担する第三国の金融機関に対して二次制裁を行うこと」で、これによってロシアと取引した銀行は米国のドル制裁を受け、ドルを使えなくなってしまいます。ドルを使えなければ、銀行は機能しません。この制裁によって中国の銀行などがドルを使えなくなる可能性があり、この制裁を恐れて中国の銀行がロシアとの取引に慎重になってしまいました。

中国やブラジル、インドなどからみれば、「これら米国による二次制裁は対象国への主権侵害であって、やりすぎである。こんな横暴なことは許せない」という各国の意志だと思います。要するに、中国もインドもブラジルも、米国が何でも強引に物事を決めていくプロセスに我慢がならないということでしょう。

米国はじめ日本や欧州など民主主義国家としてはロシアのウクライナへの侵略をやめさせるためには、あらゆる国が協力して銀行や貿易などロシアへの制裁を各国が一致して行うべき、という強い考えがあるのですが、各国の実利や米欧に反発する勢力もあって実際は利害調整が難しいところが国際政治の現状です。

米国の実質的な力が衰えているので、多くの国が米国の言うことを聞きません。特に中国は米国と対立関係にあるので、余計にロシアとの関係を緊密化させています。そして中国としても米国の力を削ぐための国際的な機関としてBRICSを使っていきたいという思惑でしょう。習近平主席は「中国はより多くのグローバルサウスの国がBRICS加盟国になるのを支援する」としています。

こうして拡大を続けるBRICSの力は、世界のパワーバランスをみる上で無視できない強大な勢力に発展しつつあります。加盟9カ国の経済規模は世界経済の26％に及んできました。これは2005年の10％から大幅な拡大です。ちなみにG7の経済規模は世界経済の44％です。

しかもこれを人口でみると強烈です。世界に占めるBRICSの人口の規模は44％に達するのに対し、G7は10％に過ぎません。BRICSからみれば、「G7は裕福な先進国の集まり」であって、世界の民意、人口からみればBRICSのほうが大きな力を持っておかしくない、ということでしょう。

今回の会議ではBRICSとして欧米主導の国際機関である世界銀行やIMFの改革も求めています。さらに「途上国の代表権拡大を検討」するように要求しているのです。

究極の目的は「ドル基軸通貨体制の打破」

今回のロシアにおけるBRICSの拡大会議の開催はロシアにとって絶好の機会でした。プーチン氏は「ロシアは世界で孤立しているわけではない」という姿を内外にみせつけたのです。ロシアは特に中国に徹底的に肩入れして協力体制を作り、グローバルサウスをはじめとする多くの国が米国やG7から離れるように仕向けているわけです。

プーチン氏は今回のBRICSの会議を「欧州・アジア・アフリカ・中南米の代表が一堂に

会した」として大絶賛しています。そして、「西側諸国がグローバルサウスの国に対して違法で一方的な制裁、為替や市場の操作、人権をスローガンに掲げた内政干渉を行っている」として激しく非難。これらの主張は発展途上国には賛同するところも多いと思います。

プーチン氏は「BRICSは国際社会の主要部分、いわゆる世界の多数派の願いに応えるものだ」として、実は世界の多くの国は、米国主導の秩序を快く思っていないことを知らしめようとしています。

ロシアは米国が主導する世界の体制を崩壊させたいと願っており、とにかく米国の一方的なやり方に不満を抱いている勢力をまとめ上げようとしています。そして、これらの勢力が世界の多数派となっていくことを目指しているのです。

プーチン氏は「真に劇的な変化が世界で起こり、多極世界の形成が進行している現在の状況において、BRICSは特に必要とされている」と強調しています。確かに世界は米国が主導した「秩序ある一極」から「多極、言い換えればまとまりがなくバラバラ」になりつつあるようです。プーチン氏は、今までの米国が主導してきた世界を混乱させて、混とんとした世界を作り出すことにロシアの利益やロシアの台頭を見い出しているように思えます。

ロシアは、今までの米国主導の秩序を壊す第一段階として、世界におけるドル体制をぶち壊したいわけです。

何と言っても世界はドルで動いています。ロシアが金融制裁で苦しんでいるのもロシアからみればドル体制がもたらす弊害です。ロシアはウクライナ侵攻後、米国をはじめとする欧米諸国や日本から制裁を受け、国際送金システムである国際銀行間通信協会（Ｓｗｉｆｔ）から締め出されました。これではロシアの政府や民間企業も国際的な銀行決済ができず、貿易が実質的に難しくなります。そのためロシアは主な外貨獲得手段である原油やガスの輸出先を、欧州から中国やインドに切り替えたわけです。

そして今回、ＢＲＩＣＳに加わったイランも経済制裁を受けていますから、このドル体制を徹底的に崩す試みには当然賛成でしょう。中国はさまざまな思惑を持っていますが、ドル体制を弱体化させたいと願っていることは間違いないでしょう。インドやブラジルにしても、ドル体制があるにしても、他の何かの選択肢は欲しいと思っていることでしょう。

ロシアの輸出決済における通貨比率をみると、当然のことながらドルの使用が著しく減っています。２０２０年段階で、ロシアがウクライナに侵攻する前はロシアの輸出決済におけるドル使用の比率は84％でした。当時、自国通貨であるルーブルの使用比率は15％に過ぎなかったのです。

ところがウクライナ侵攻から欧米の制裁を受けた２０２４年の段階ではドルの比率は17％にまで激減しました。銀行決済ができないので、かように著しく減るのは当然の流れかもしれません。そしてルーブルの使用比率は39％に拡大、人民元などをメインとしてその他の通貨の使用比率は44％にまで膨らんできています。

10月10日に公表されたロシアの財政収支によると、ロシアの原油・ガスの販売収入は前年同期比で49％も拡大、ロシアはウクライナ戦争を戦いながら財政黒字です。これもロシアからみればドル体制から巧みに脱した効果でしょう。

このような「ドル抜き」の国際的な流れを構築したいのがロシアの究極の目的であり、BRICSをその道具として使おうとしています。

今回のBRICSの会議では、当然のことながら貿易決済としてBRICS加盟国の通貨による決済の拡大を検討しています。まだ現実化は遠いでしょうが、BRICS共通通貨の導入まで議論されているのです。

さらにドル体制を打破したいロシアの仕掛けは続きます。プーチン氏はBRICS加盟国による穀物取引所の創設を提案したのです。世界の金融は実質的にあらゆる意味で米国に支配されています。一般的に原油の取引はドルで行われ、穀物の取引もシカゴ取引所を中心としたドル体制で行われています。

ところが、穀物の輸出においてロシアは世界有数の国です。そしてBRICSに参加しているブラジルも世界有数の穀物輸出国です。さらに、世界最大の穀物輸入国は中国です。

これら世界最大の輸出国と輸入国が一堂に会しているBRICSが穀物市場を支配できないはずはなく、そのシステムを構築して、米国主導の穀物取引からBRICS主導の穀物取引を立ち上げていくという発想は実現可能に思えます。

プーチン氏は「BRICS諸国は世界有数の穀物・豆類の生産国であることから、穀物取引所開設を提案した」ということです。こうして新たな国際価格指数を形成、この新しく作った取引所がシカゴの取引所に取って代わろうというわけです。

ロシアは世界一の小麦輸出国であり、2022~2023年の小麦輸出額は4900万トンで世界の圧倒的なシェアを有しています。そしてブラジルは大豆とトウモロコシで輸出量で世界首位です。これだけの生産力を持っているのだから市場を支配できないはずはないのです。

カギを握る中・ロの思惑とBRICSの弱点

市場支配のモデルはOPECです。そもそもOPECは1960年、当時の石油の国際メジャーから石油産油国の利権を守ることを目的に設立されました。設立当時はサウジアラビアやイランなど5カ国だったのですが、それが現在の12カ国まで拡大するに至っています。その間、OPECは1970年代初頭の石油ショックで爆発的な力を発揮するに至り、現在でも世界の原油市場を支配し続けています。ＢＲＩＣＳの人口は世界の44％です。ここに輸出国と中国のような輸入国が集っているわけですから、穀物版ＯＰＥＣが作れない理由はないでしょう。

ロシアとしては穀物版ＯＰＥＣを作って、価格交渉力を高めて値段を吊り上げ、穀物市場を支配したいという思惑があるのです。この構想のカギを握っているのは、ある意味中国です。中国は世界一の輸入国ですから、穀物を安く買い付けたいわけです。そして何かの時に中国が米国に穀物を依存しているのは、中国にとって危険なことです。

一方、ロシアは輸出する側として穀物の値段を上げたいわけですし、中国は輸入側として安く買いたい、このあたりの真の思惑は一致していません。

しかしながら米国がトランプ大統領を有して、さらに中国に圧力をかけてくるようになれば、中国側としてもロシアの構想に乗って、ＢＲＩＣＳによる穀物取引所の開設に全面協力することはあり得ると思われます。

こうみていくと今後ＢＲＩＣＳは圧倒的な力を持つようになって米国を中心とした現在の世界の潮流を大きく揺さぶっていくように思えます。しかし半面、ＢＲＩＣＳは利害だけで結ばれているガラス細工のような組織であることを認識しておいていいと思います。

Ｇ７など民主主義国家は自由や民主主義、人権の尊重など、国や世界を運営する上で必要とされる強い共通認識で結ばれています。ですから結束が強いわけです。

ところが人間関係もそうですが、利害だけで結ばれている関係は弱いわけです。いわば「カネの切れ目が縁の切れ目」であるようにＢＲＩＣＳが利害以外で結ばれている部分がありません。ですから、ＢＲＩＣＳの結束は極めて弱いのです。

ＢＲＩＣＳを結びつける唯一の絆は「米国主導の世界に対抗する」ということだけです。しかしながら、この「米国に対抗する」という面では、各国それぞれの温度差があります。

例えば世界最大の人口を有するインドは、日米とオーストラリアの枠組みであるクワッドにも参加して中国と対峙していますす。インドはＢＲＩＣＳに参加しているものの、Ｇ７各国とは対立関係ではありません。

またトルコは今回のＢＲＩＣＳ会議でパートナー国として参加、将来のＢＲＩＣＳ参加に含みを持たせています。そして会議ではトルコのエルドアン大統領とプーチン氏との会談もありました。エルドアン大統領は「ＢＲＩＣＳ加盟によってトルコがＮＡＴＯを放棄することにはならない」と言っています。ロシアはＢＲＩＣＳを反米同盟のような形にしたいのでしょうが、ロシアを包囲する軍事同盟であるＮＡＴＯの参加国がＢＲＩＣＳに堂々と入るのですから、思惑が決定的に違うわけです。

そして今回呼ばれたパートナー国には、ベラルーシやキューバなどの反米国が含まれているものの、タイやマレーシア、インドネシアなど東南アジアにおける米国の友好国も参加しています。これら各国は明らかに経済的な利益を求めてBRICSに参加しているわけで、ロシアの狙っている反米の動きに参画する意志はないでしょう。もっともマレーシアやインドネシアなどは国内のイスラム勢力に配慮して、米国への不満のはけ口としてBRICSに参加したという面もあるようです。これら一連の流れの中で、BRICS加盟国内部には「参加基準を明確にすべき」という当たり前の議論も出てきています。

かようにBRICS会議に参画した各国の思惑は千差万別で、実際は同床異夢《どうしょういむ》であることがわかります。ただ、ドル体制からの脱却や穀物版OPECの設立など、米国主導体制を揺さぶる具体的な流れには今後要注意でしょう。

さらにロシアのたちの悪いところは、北朝鮮を利用してウクライナ戦争を有利に戦おうとしていることです。ウクライナのゼレンスキー大統領は、今回のBRICSの首脳会議を「プーチンの首脳会議だ」と、こきおろしました。

そして北朝鮮がウクライナ戦争に参画したことに関して「世界大戦の第一歩だ」と警鐘を鳴らしました。確かに北朝鮮によるロシア支援は、欧米諸国と敵対する枢軸であるロシアと北朝鮮が結びついた危険な流れです。

NATOのルッテ事務総長は「北朝鮮によるウクライナ戦争への関与は、欧州とインド太平洋の安全保障に対する脅威だ」とし、「ロシアと北朝鮮の軍事協力の強化は、朝鮮半島の平和を損なう」と警鐘を鳴らしています。

北朝鮮が兵員まで出してウクライナ戦争に協力するのであれば、ロシアとしても北朝鮮に対して重要な軍事技術を提供する可能性も高いでしょう。また仮に朝鮮半島で有事となれば、北朝鮮を支援する構えかもしれません。

北朝鮮はロシアの後ろ盾を得て、軍事的に挑発的になりつつあり、韓国との連絡道路を破壊するなど韓国との緊張を高めています。韓国からの情報ですと北朝鮮は近日中に核実験を行うとも報道されています。かような無用な軍事的な緊張や国際間の対立をあおっているのがロシアです。

昨今の世界は、あらゆる意味で混乱、対立、緊張が激化していると感じます。時代の大きな流れでもあるのですが、この国際間の緊張や混乱、対立、そして、その基となっている国内の経済的な苦境は収まらないでしょう。われわれはかつてない大変動の時代に向かっていることを認識する必要があります。

第5章

日本の衰退
社会主義的政策とインフレ格差の正体

経済指標がだだ下がりした根本の要因を探る

1990年の日本人の1人あたりのGDPがもう世界で1位か2位かという時代がありました。あの時はバブルでしたけれども、今や31位とか32位です。信じられないのがスロベニアとかの旧東欧諸国にも、そのほかの経済指標で抜かれていることです。もう韓国や台湾には抜かれているし、シンガポールなどには全然及ばない状態です。それにイタリアにも抜かれている！　イタリアは一応、G7に入っていますけれど、あんなに遊んでばっかりいるイタリア国民になんで抜かれるのでしょうか。日本人は南欧の人びとに比べればはるかに勤勉なはずです。ところが他の欧州諸国も抜かれている。これって異常じゃないですか？

日本人って本来優秀で真面目に働く民族じゃないですか！　この経済の低迷は何か根本的な問題があるはずです。政治経済にも問題がありますが、我々の心の中に何か問題があるはずです。そうでなければ、ここまで衰退することはなかったと思います。こんな円安になってしまって、こんなにみんなが海外から「安い」という理由から観光に来るわけじゃないですか。こんなことは日本人の能力からしたらほんとうにあり得ないことだと思います。何かが間違っているわけです、何かが。

我々の中に感じている何かが間違っているのです。それを提示したいと思います。

日本株の大相場の流れは、多少の上げ下げがあっても普遍だと思います。ただ、いつも言っていることなのですが、日本株は圧倒的に安いのです。例えば毎週発売される日経ヴェリタスの「低PERランキング」によると、2・5倍から6倍の会社がずらりと並ぶくらい圧倒的に安いのです。もうこれ考えられないぐらい安いのです。

また年間配当も以前からみれば、相当大盤振る舞いする企業がずらりと並んでいます。配当利回りでいえば4・8%とか4・9%とか5%近くあります。現在、ほぼゼロ金利の中、日本株は圧倒的に安いのです。

この中でまだ日本人の個人金融資産はほとんど動いていません。それはどういうことかというと、まず2024年9月に発表された6月末時点での家計の金融資産は、前年同月比で4・6%増え2212兆円となり、6四半期連続で過去最高を記録しています。このうち現預金は前年同期比0・8%増の1127兆円、株式等は15・6%増の301兆円、投資信託は27・1%増の128兆円になっています。構成比の内訳をみると現預金が51%、保険・年金・定型保証が24・6%、株式等が13・6%、投信は5・8%となっています。

2024年1月に始まった新しいNISAの広がりによって個人の金融資産は、ゆっくりなながら着実に投資に向かい始めています。金融庁によると2024年6月末時点でNISAの口座数は2427万口座となり、3月時点から比べても4・5％増えています。

この数字をみると、日本で投資拡大が全般的に起こっているように感じます。しかし東証が発表している個人の日本株の投資家別売買動向をみると、日本の個人投資家は日本株を2024年の10月末時点において売り越しているのです。NISAなどの制度を使った断続的な買いはあっても日本の投資家は株が上昇すると売り越す傾向が強く、年間トータルでみると現物の株の売買では1990年以来、恒常的に株の売り越しが続いているのです。個人金融資産の統計上で株式等の保有額が301兆円と前年同期比15・6％増えているのは、主に値上がりによる資産増加と海外の株式保有が増えているとみていいでしょう。

朝倉は一貫して日本では〈株式ブーム〉どころか〈株売却ブーム〉が進んでいると言い続けてきたのですが、日本の個人投資家の現物株の売買動向では、日本の個人投資家は一貫して株が上がることによって売り続けているのが現実なのです。

ですから日本株の投資家別の構成比を追ってみると、海外投資家の割合は30％を超えて一貫して高水準で増えています。しかし日本では金融機関や生損保などの保険会社も株を売り続けていますし、日本株に関しては金額ベースでみる個人投資家は株を売り続けているのです。日本株を恒常的に買い続けているのは主に企業。企業が自ら自分の会社の株を買い付ける自社株買いが増え続けていて、これで日本株は品薄になってきているわけです。ＮＩＳＡの買い付けや企業による自社の株の買い付けは一度買い付けると当面の間、売りに出ることがありません。そのため、これらの買い付けによって恒常的に日本株は品薄になってきているので根本的に上がりやすくなってきています。

かように日本株において現金の買いがどんどん、どんどん少なくなっているにもかかわらず、株式等がこんなに増えている原因は主に値上がりなのです。だから長期で株を持っている人は基本的には値上がりで、ものすごくもう儲かっているのが現実なのです。そこで朝倉は「株を持ってなきゃおしまいだよ」と連日言っているわけです。

繰り返しますが、日本の個人投資家は日本株を売り越し続けてきたのです。もうこれは30年以上ずっと続いている変わらない傾向です。上がると売る、さらに上がるので買えない、これが続いています。

前述したように２０１４年にＧＰＩＦの組み入れ比率を5割にしたことで、２０２３年度の運用収益は過去最高になっています。45兆円４１５３億円の収益になっています。そこで２０２３年の収益の内訳をみると、外国株式19兆円、国内株価19兆円、外国債券7兆円、国内債券は金利が上がって債券損でマイナス１兆円、でも為替で儲けているわけです。

そして２０２４年3月の積立金残高が２９１兆円になって想定より70兆円も増えているとい

うのだから、これは株式の組み入れ比率を変更した当時の安倍政権のヒット、大ホームランだと思います。5年間の運用益が想定の6倍になったのだから、完全に株の勝利なのです。

まさに「株を持たざる者に資産運用の未来はない」、これが現実です。もう株を買ってないとおしまいっていうのは、これで明らかです。農林中金は株を買っていないことで酷い赤字の決算を出す状況に追いこまれてしまいました。

そしてこれから問題が起きるのは、株を買っていない地銀の一部です。京都銀行はうまく立ち回っていて、任天堂とか京セラに昔からの関係で投資していても「株は売りたくない」と言っています。株を売れという圧力が当局からかかってきても、株は売りたくないという銀行は結構あるのです。そういう銀行は生き残る銀行と言えるでしょう。

借金が増大している個人の貧困の原因

世界的なインフレ、つまり通貨の価値がどんどん下がっていることは、本書でさんざんお伝えしてきました。なかでも株式市場が大きく上昇し、この状況はさらに加速していくと思われます。本書をお読みの方は株を持っている、ないしは株の購入を検討しているでしょうから、やっぱりある程度のお金を動かすことのできる富裕層と思われます。

ではお金のない人の現実はどうなっているかというと、借金が拡大し続けています。消費者金融の利用状況をみてみます。消費者信用残高4・0兆円の増加、去年から比べて8・8％増加していて19年ぶりの高い伸びとなっているのです。つまり消費者金融でお金を借りている人がどんどん増えて、それが伸びているのです。

しかし消費の全体はそれほど伸びていないのに、なぜこれほど消費者や企業の借金が増えているのでしょうか？　やっぱりインフレで厳しいのです。事業資金も苦しいのです。完全にインフレで格差が生じてきている証拠です。インフレ特有の格差が出て、貧富の差が広がっているのが現在の流れと思われます。

実は、なぜ日本がこんなに衰退しているのか、その理由が理論的にも非常にわかりやすい話があります。今年の2月にアルゼンチンのミレイ大統領がダボス会議で演説をしました。このミレイ大統領というのは、「もう自国通貨をなくしてドルにします」とかなり過激な発言をして話題になった人です。大統領になってからＩＭＦに評価されて、お金を借りまくって金融危機を乗り越えつつあります。

この人の演説を解説します。この人の演説の中にほんとうに我々が足りないところ、ないしは気づいていないところで経済の真実が出ています。

そこで何を言っているかというと、「今回、西側諸国が危機に瀕しているということをお伝えするためにここに来ました」と始めるのです。デフォルトを繰り返しているアルゼンチンに言われたくないかもしれないけれども、アルゼンチン大統領が言っているわけです。続けて何を言ったかと言うと、「西側の価値観を守るべき人びとが社会主義、ひいては貧困につながる世界観に取り込まれてしまいます」。

つまり「西側の指導者たちは自由というモデルを放棄し、社会主義的なさまざまな政策を打ち出してきている。あなたたちは自由というその思想を放棄しているではないですか。社会主義的な政策ばっかりやっている」と問うているのです。ここで社会主義的政策の実行は人びとを苦しめているだけでなく、その原因となっていると指摘しています。

日本で言えば、ばらまき政策です。ゼロゼロ融資をしたり、ガソリンや電気、ガス料金の補助金を出したり、こういった一連の政策がさらに貧困を進めているのだとミレイ大統領は断言しているわけです。

「私たちアルゼンチンほど、この2つの問題が証言できる人はいません」。貧困化したことで、自由を失ったということです。

「私たちアルゼンチンは1860年に自由のモデルを採用し、わずか35年で世界をリードする大国になりました」。これは、事実なのです。1800年代にあった産業革命をいち早く取り入れて、アルゼンチンは南米一の国になりました。あの時にアルゼンチンのGDPがブラジル、メキシコ、パラグアイ、ペルーの合計よりも多い国となり、南米で1番豊かな国になったのです。

ところがアルゼンチンは当時、巨大な鉄道網を有する国に変身したのです。アルゼンチンが社会主義を受け入れた過去100年で、GDPが世界140位に転落するほど貧しくなりましたと言っています。社会主義、いや、貧しい人を助けるという、その考え自体は立派なのです。ただ、その思想のもとにいろいろな政策を行ったところに、大転落した理由があると言っているわけです。

資本主義が豊かにし、社会主義が貧困を招いた！

ミレイ大統領は続けて言っています。「なぜ自由市場、資本主義が世界の貧困をなくすための実行可能なシステムだけでなく、そうすることは道徳という意味でも正しいのか」

普通社会主義はみんなを助けるのだから、道徳的に正しいと思うじゃないですか。しかし実は自由市場や資本主義のほうが道徳的にも正しいということで、資本主義の今までの長所とか歴史を話していました。

「経済発展の歴史をみると、0年から1800年代までの間、世界の1人あたりのGDPはほぼ一定でした」。要は人類がどんどん発展したのは、産業革命の後のことです。例えば室町時代とか安土桃山時代とか江戸時代とか考えても、そんなに大きな経済的な格差はありません。経済成長はしていても、世界全体がそういう似たような状況だったわけです。貧しい昔の人からみれば、今の人はみんな貴族みたいな生活をしているのも、これは経済発展したからです。経済発展したきっかけとなったのは産業革命と資本主義です。

19世紀以降は、世界は産業革命の効果で指数関数的な成長が始まり、ＧＤＰが爆発的に上がり始めたわけです。産業革命によって成長率は年率０・66％まで上昇しました。経済発展が加速してきたのは産業革命が起きて、資本主義が経済システムとして採用された瞬間からです。この瞬間から人類社会に爆発的な富が生み出されるようになってきました。

確かに１８００年代、産業革命でどんどん鉄道とかのインフラができて発展し始めた。それが加速していくわけです。ミレイ大統領の言葉を続けます。

「１９００年から１９５０年までの期間では、成長率は年率１・66％に加速しました。１９５０年から２０００年までの期間では成長率２・１％であり、わずか33年で１人あたりのＧＤＰは2倍になりました。さらに２０００年から２０２３年までの期間、成長率は年率３％に加速して、今度はわずか23年でＧＤＰは倍化しています」。要は、成長がどんどん加速しているわけです。このように産業革命後、世界の１人あたりのＧＤＰは15倍になったと言われています。15倍になったのだから豊かになっているのです。産業革命後、資本主義の発展によって世界中で爆発的な富を生み出したのです。

その結果として1番大きなことは、世界の人口の90%が貧困から抜け出したことだそうです。昔は食べるのにやっとですから、みんなで農業をやっていたのが現実です。1800年には世界人口の95%近くが貧困にあえいでいたのに対して、パンデミック前の2020年には5%まで減少した。世界の95%の人が食うや食わずの状態だったのがパンデミック前は5%まで減ってしまったのです。だから世界全体は資本主義によって爆発的な成長をしたわけです。これは誰でも知っていることです。まさに世界は産業革命後、この資本主義を取り入れて大いなる発展を遂げて現在に至るわけです。

そこで結論は明白なのです。経済システムとして自由市場を保証する資本主義こそが世界の飢餓、貧困をなくす唯一の手段なのです。産業革命後の世界が発展したことはもう議論の余地がありません。この人類史上初めて採用した資本主義というシステムが人類を発展させたのです。

対する共産主義はどうなったのか。旧ソ連が崩壊したのは共産主義で崩壊したわけです。生産システムがおかしくなって崩壊したわけです。韓国と北朝鮮の圧倒的な経済格差をみてください。同じ民族でありながら、あんな貧乏になってしまう北朝鮮のような国と、大きく経済発展して世界に冠たるサムスンみたいな企業を持っている韓国。これは民族の資質でなく、システムによる格差そのものを示しています。

資本主義は優秀なのです。自由な市場は極めて大事なのです。報道の自由も政治的な自由も、そして規制が一切ない経済の自由も極めて重要なことなのです。平等を謳う社会主義は一見、理想郷のように思えますが、実はすべての人を貧困に導くシステムです。社会主義的な考えや政策は、ほとんど経済を衰退させることは間違いありません。

日本の衰退も社会主義的な政策にあり

日本の衰退も同じです。朝倉が思うに国の政策に社会主義的なことをやりすぎなのです。もっとダイナミックに資本主義を実行すべきだったのです。それを、みんなを助けようとばらまき政策を続けたことでおかしくなってしまいました。日本人は同一民族ですし、同胞を助けたいという気持ちも強い。その気持ちは悪くないのですが、その社会主義的な考えを経済政策の柱にしてきたので酷いことになったのです。

歴史をみれば自由市場の資本主義のほうが生産性の面で優れていることは間違いありません。そこで左翼的な考え方の人は資本主義が不正義であるとして道徳的な問題を攻撃してきました。確かにそれは一理あります。資本主義は格差が拡大します。貧乏な人と金持ちという両極端が増えてしまう可能性があります。それをもって人々の経済的な格差が広がるから不正義というわけです。資本主義を徹底的に行えば貧困をもたらすということです。それで左翼的な人は「資本主義の大元アメリカの現実をみろ。ホームレスと大金持ちがいて、こんな格差はどうなっているんだ、資本主義がもたらした不正義そのものじゃないか」。

だから彼らは、「このような大きな格差をもたらす資本主義は個人主義だから悪い。皆が経済的に平等になれる社会主義は利他的で他人を助けるシステムだから素晴らしい！　だから社会主義を目指すのがいい」と言うわけです。

この概念はここ10年の間に先進資本主義で流行りました。確かにその考え方は大事なことです。弱い人を助けようとすることは大事なことです。ただ、その社会主義的な考えで国家が政策立案して、どうなったのかが問題なのです。

要するに「あらゆる人びとを経済的に平等に近づけるべき」を一番重要な命題として政策を遂行すればどうなるか？　ということです。どうやってお金のない人を経済的に持ち上げるのでしょうか？　彼らにお金を配ることで「弱い人を助けるんだ」と言うわけですが、それがボランティアで多くの人が自発的にやることではないわけですよね。国家が政策として行うわけです。

その手法を具体的に考えてみますと、税金を使って行うわけです。実は国家がやっていることは暴力的に我々から稼いだ金を税金として奪い取ってそれを分け与えているじゃないですか。国家ですからその力を行使して強制的に税金を取って、その税金を分配しているわけです。弱者救済という考えの下に国家が税金を取ってその税金を配る、それは実質的には暴力的に行っているわけじゃないですか。

だから、この暴力的な行為（人びとから税金を取って勝手に貧しい人に分けてしまう）が不正義だとミレイ大統領は言っているわけです。それは不正義だろう、と。社会主義を推進する人たちは、経済全体が「分配できる富」という考えから出発します。その富は与えられるものではないのです。そのような富はさまざまな納税者の努力から生み出されているものなのです。要するに富というのは、さまざまな努力と工夫からみんなが生み出してきたわけじゃないですか。良い商品を魅力的な価格で生産すれば、その企業は業績を上げ、さらに多くの生産に向けられるのです。良い製品を魅力的な価格で販売している企業が業績を上げて伸びていくわけじゃないですか。要するに市場とは、資本家が正しい方向を模索しながら進んでいく発見のプロセスなのです。

市場には価格がついていますが、これは強制されて値がつくものではなく、自分が買いたい、自分が売りたい、その自由の意思のもとにその値段がついているわけです。要するに、市場は正しい方向をみつけるプロセスなのです。いい製品を安く売ろうとする。それに成功したところは日本で言えばファーストリテイリングです。ユニクロが出てきた時、「え、こんないっぱい置いてあって製品も良くて、なんでこんな安いのだろう」とほんとうにびっくりしました。だから思わず5枚も6枚も買って結局買いすぎてしまったとなったんですが、あれは消費者にとって新しいものを出してきたから成功したわけです。それからニトリも同じように安くて製品がいいからこそ成功しているわけじゃないですか。

これが自由市場です。自由な市場があるから、売れるとか売れないとかいろいろ工夫しているから、経済のダイナミズムが生まれているのです。

しかし資本家の成功に対して高額の納税という罰を与えていたら、やる気のインセンティブが破壊されてしまいます。しかも日本では相続税もメチャクチャに徴収されていて、どんな大金持ちでも3代で資産がゼロになる高額な相続税が施行されています。そのような社会主義的な馬鹿げた税制が資本家の意欲を減退させます。

結局、かような度を超えた高額な税金を徴収することで資本家の生産量が減って、全体のパイや富は小さくなって社会全体に不利益をもたらすわけです。市場は極めて優秀なのです。市場を軽視する社会主義はこういった「市場の発見のプロセス」を阻害し、発見されたものの利用を妨げます。

こうなると社会主義は企業家の手を縛り、より良い製品やサービスをより良い価格で提供することを不可能にしてしまいます。要は、市場を規制したり保護したりいろんなことをすると経済が正しい方向に行けなくなってしまう、それが今の日本なのです。

世界の人口の90％を極度の貧困から脱出させ、そのスピードもますます速くなっているだけで、公正で道徳的にも優れている経済システムである資本主義を学会、国、国際機関、政治経済理論が悪者扱いしているわけです。資本主義は悪い、と。

自由市場資本主義のおかげで世界は今日最高の状態にあるわけじゃないですか。ほんとうに人類の歴史を振り返れば、今ほど繁栄した時代は明らかにないのです。今の世界は歴史上どの時代に比べても豊かで平和で繁栄してるのです。すべての国や人びとに共通するけれども、特に自由度が高く、経済的自由、個人の財産権を尊重している国に批判を向けるわけです。「行き過ぎた自由経済は良くない」と。米国がどんどんとあれだけ発展していると言うじゃないですか。そして、どんどん移民を受け入れているではないですか。それに資本家は雇用者の解雇も自由じゃないですか。もう米国では雇用されている人が時には「明日辞めてくれ」という世界です。まさに資本家の自由にさせているじゃないですか。世界を見渡して米国が1番自由な国じゃないですか。だから発展しているわけです。まさに経済的な自由を与えるから、あれだけエネルギーがあふれ経済発展しているわけです。逆に規制をすればするほど、経済はどんどん発展しなくなるわけです。

まさに日本ではウーバーも取り入れられないほど規制でがんじがらめです。もしウーバーを取り入れれば、一時的にはタクシー会社は倒産するかもしれません。だけど、そうしたらまた新しいものが始まって、消費者はどんどんどんどん便利になって、経済はどんどん活性化するわけです。よくよく考えれば規制を全部取っ払って経済を発展させたほうがいいわけです。

アマゾンができたからこそ、今の消費者は簡単に本などの商品をネットで注文することができるわけです。音楽だってアップルミュージックで毎月980円で聴き放題です。だけど以前はCD1枚買ったら2500円ぐらいしました。10人のアーティストのCDを聞きたいと思ったら2万5000円です。かような便利で安いサービスの出現で、本屋とかCDショップとか倒産していったかもしれません。それでも次項の労働者の流動性にもつながるのですが、新しい形態のビジネスが誕生したのですから、そちらに移行するのが正しい流れだと思います。

雇用の流動性と賃上げ

人が足りなくて人手不足になっています。それなのに余剰人員のある会社にかぎって解雇しちゃダメだと規制されている。解雇すれば新しいところで、生産性の高いところに行くはずです。これだけ人が足りないということは、人が欲しくてしょうがないところが山ほどあるわけだから「こっちに来てください」と、そうやって経済は発展していくわけです。それを「やめさせちゃダメだ」「解雇しちゃダメだ」と規制しているから、発展が阻害されているわけです。

ミレイ氏によれば、自由度の高い国は抑圧された国に比べて12倍豊かです。先進国は自由な市場を通して発展してきたといわれています。自由度の高い国に住む10％の人びとは抑圧された国の90％の人びとよりいい暮らしをしていて、標準的なフォーマットは25倍、極端な場合では50倍も貧困者が少ないわけです。米国にも貧困はあるというけれど、最低賃金はマクドナルドで働いて1時間3200円をもらえるんです。日本の最低賃金はやっと1055円、岩手県の最低賃金は900円以下です。全然違います。

さらに訪日外国人客数の年間予測が発表になりました。2019年の年間3188万人を上回る勢いということで、年間3500万人のペースで外国人観光客が来ているそうです。2016年に政府がこの計画を立てた時は4000万人が目標だったのです。だからかつて岸田首相が2030年までに6000万人を目標にすると言っていました。やっぱり日本は物価が安いし、安全でいいところなので、1度来るとリピーターが増えているのでしょう。

ところが現在、来日観光客数が若干頭打ち状態なのです。なぜかというと旅館とかホテルの空きがない、だから予約が取れないわけです。なぜ空きがないかというと宿泊客にサービスできる人がいないのです。これが問題で、サービスしたくても人がいないのです。例えばブルガリやフォーシーズンズ、アマンなどの高級ホテルの従業員は足りています。超一流だからいい給料を取っている従業員は笑顔で働いているという感じです。でも他のところは給料をそこまで払えないし、だから人がいない。それから他のいろんなホテルに泊まると外国人スタッフが多いことに気づきます。例えば韓国やネパール、中国の人もみます。

政府は外国人観光客を2030年で6000万人にしたいと言っても実際、宿泊業の就業者はどうなのでしょうか。2019年に64万人いた宿泊業の就業者が2020年、コロナで51万人、約2割減ったといいます。これはやむを得ないと思うけれども2024年の段階で59万人です。これ、おかしいじゃないですか。だって2019年に64万人いた従業員が、59万人と減っているのです。これじゃあ訪日客をこれ以上受け入れられない。だから、これが大問題なのです。需要に見合うだけの供給力を日本自体が持ってないのです。

つまり人を確保できないから、訪日客が増えていても人手が足りない。宿泊業の就業者はまだ以前の人数に戻ってない。人手の足らない地方のホテルはほとんど稼働率が低下しているのです。需要があるのに受け入れることができないで、収益のチャンスを逃がしている。

これが日本の問題なのです。日本全体の宿泊業の1-3月の経常利益は459億円で、前年395億円に比べて16%増となっています。でも訪日客は前年同期比で80%ぐらい増えたのに、なぜその数字にとどまっているのか不思議です。通常に考えれば倍とか80%増になるべきじゃないですか。それが16%。だから取りこぼしなのです。チャンスを人手不足で逃がしているのです。では対応策はどうするかというと、就業者の給与をどんどん上げましょうとなります。その分、宿泊料を値上げして儲けましょうとなるのです。雇用を流動化して、儲かる業態にどんどん人が動かなきゃダメなのです。

人手不足だから、仕事があるのに仕事を受けることができない。それで値上げだということで、宿泊料がどんどん上がっているじゃないですか。値段自体は落ち着いてきた感じですけれども、いずれにしても供給不足で人がいないことは事実です。だから宿泊料がバンバン上がるわけです。それは供給ができないことが大問題なのです。

米国経済で、我々は毎月20万人とかいう雇用統計をいつも参考にするじゃないですか。米国の雇用統計がどうなって増えたか減ったかで、それで米国の経済がどうなるかとか金利が上がるか下がるかを予想しながら、雇用の数の推移をみているじゃないですか。日本じゃそんなもん出さないし、そんなものを気にもしないでしょう。もしそれを出したら大変で、ほとんど増えてないと思います。ということは、経済が成長しないのかということなのですけれども、要は供給できなくなってしまった。

人がほんとうにいなくて、人を採用することができなくなってしまったのです。

通常、インフレにはいろいろな形がありますけれど、我々日本人が知っている1番ひどいインフレは戦後です。1946年、終戦直後です。その時はめちゃくちゃで100倍とか200倍とか物価が上がった理由は、物がなかったからです。供給できない時に物価がわーって上がってしまうわけです。だって人がいないとか物がなかったら、いくらでも高い値付けができることになっちゃうじゃないですか。今そういう状態に日本があるということなのです。だから、その典型として宿泊料が他の物価に比べてバーっと上がってしまっているわけ。でも、これは宿泊だけじゃなく、日本全体がそういうふうになりつつあるのです。人手不足の解消策については次章で詳述します。

賃金は上がらなければならない

だから物価がどんどん上昇していく流れになれば、賃金が上昇していくのは当然の帰結。朝倉はもう2年も前から「賃金は上がるよ、物価は上がるよ」と言ってきましたが、経済の専門家と言われる人たちは、物価は上がるかどうかわからない、賃金が上がるかどうかわからないと言っていました。

けれども結局、朝倉が正しかったわけです。これは今後を考えても結局のところ、給料が爆発的に上がっていくしかないと思います。それしか解決する方法はないのだから、宿泊料は消費者物価を上回る勢いで上昇しているわけです。新聞記事によると、箱根の観光ホテルの従業員のパート時給は1700円。東京より230円も高いけれども、結局こういうことなのです。人がいないってことは、その人材を有効に使わなきゃダメなのです。前項の話に戻るけど、規制ばっかりやっていて、雇用を守って生産性の低い企業を必要以上に守ろうとするから、おかしなことになって全体が沈没してるのです。

もはや米国みたいに自由にやらなければならないところに来ているわけです。雇用のそんな規制なんか全部撤廃させなければダメなのです。それが自由化だってことなのです。今の日本はそれがわかってないというか、わかっているかもしれないけれども、変に生産性の低い企業を保護しようとか労働者を保護しようという考えが強すぎる。状況が変わってきているのです。

そんな悠長な状況じゃないわけです。同じような話が建設業でも出ています。建設業、いわゆるゼネコンで工事は山ほどあるのに、何て言ってると思いますか。ゼネコンに仕事を頼んでも、「いやいや見積もりはできません」というのです。「え、ちょっと見積もりぐらい取ってくれよ」「いや、見積もりもできない」——もう仕事が目一杯で仕事が取れないのです。4カ月後ぐらいにやるという話ならわかるけど、最初の入口の段階で、いやいや、もう見積もりも取れませんとなっているわけです。

そんな状況なので建材の在庫がどんどん増加しています。小型棒鋼が在庫増加率15％増で、

11年ぶりの高水準。H型鋼が同じく16・3%増で5年ぶりの高水準。合板が同じく12・5%増となっています。資材価格が上がっているのに、なぜ資材が余って在庫率が増えているのでしょう。鉄筋需要は過去最低を2年続けて更新しています。つまり労働者がいないから、工事が進まないのです。例えば空調設備を入れようとしても、それをやる下請けも人がいない状態です。要するに、経済が回らなくなっている状況なのです。全然人がいないから仕事を回せないのです。

だから工事が遅れて、それで在庫が増えているわけです。こんな馬鹿な話ってあるのでしょうか。そこにもってきて2024年問題ということで、労働規制を強化したわけです。こうなれば、もう無理な残業などさせられません。それじゃ仕事が進むわけがないということで、これが現在日本中で起こっていることです。ゼネコンなどの請負の値段が異常に値上がりしているわけで、その結果、工事の延期や中止などが相次いでいる状況です。

トラックをはじめとする運送業界も同じです。トラック運転手よりもタクシー運転手のほうが給料がいいので、運転手がどんどんトラックからタクシーに移行しているという話です。トラックの労働時間は規制されて残業ができない、でもタクシーだったら残業できるということで運転手の転職が起こっているのです。

以前は輸入品の値上がりで物価上昇が起こっていましたが、今では物流費や人件費の値上がりが主因で値上げが起こっています。こうなってくればさまざまな物品が値上がりするのは当たり前のことではないですか。日本全地域でかような供給不足が起き、経済が機能しなくなっているわけです。でも、これはまだ始まりに過ぎず、この供給力の不足の影響は今後じわじわ日本経済を襲ってくるわけです。甘く考えてはダメなのです。

日銀のレポートにあった4月の段階で中小企業の賃上げが期待できる情勢にあると言っていたのは、7月に変わりました。「人材確保の必要性や物価上昇を受けた従業員の生活への配慮等から昨年を上回る、あるいは高水準であった昨年並みの賃上げ動きに広がりが見られる」と最初は「期待できる」と言っていた情勢が実際賃上げしてきたので、どんどん賃上げしてきたわけです。すでに2025年の春闘の話も出始めてきましたが、給与の引き上げは2024年以上になっていくと思います。

日本全国を見渡して賃金をみると1番上がったのが九州です。もちろん、熊本に台湾のTSMCが来たこともあって、九州の給料が上がっているわけです。なぜかと言うと、どこでも人手不足は深刻で安い給料では人が取れないから、それなりに払わないといけない。だから日本全国でみると地方の給料が上がって、東京の上昇率の順位が低いわけです。

かように地方の賃金が上がっているわけで、サービス業など人件費率の高い業種は、人手不足の強い業種を中心に価格への転嫁を実施、検討する広がりがみられるわけです。これは当た

基本給の伸び率は31年ぶりの高さ

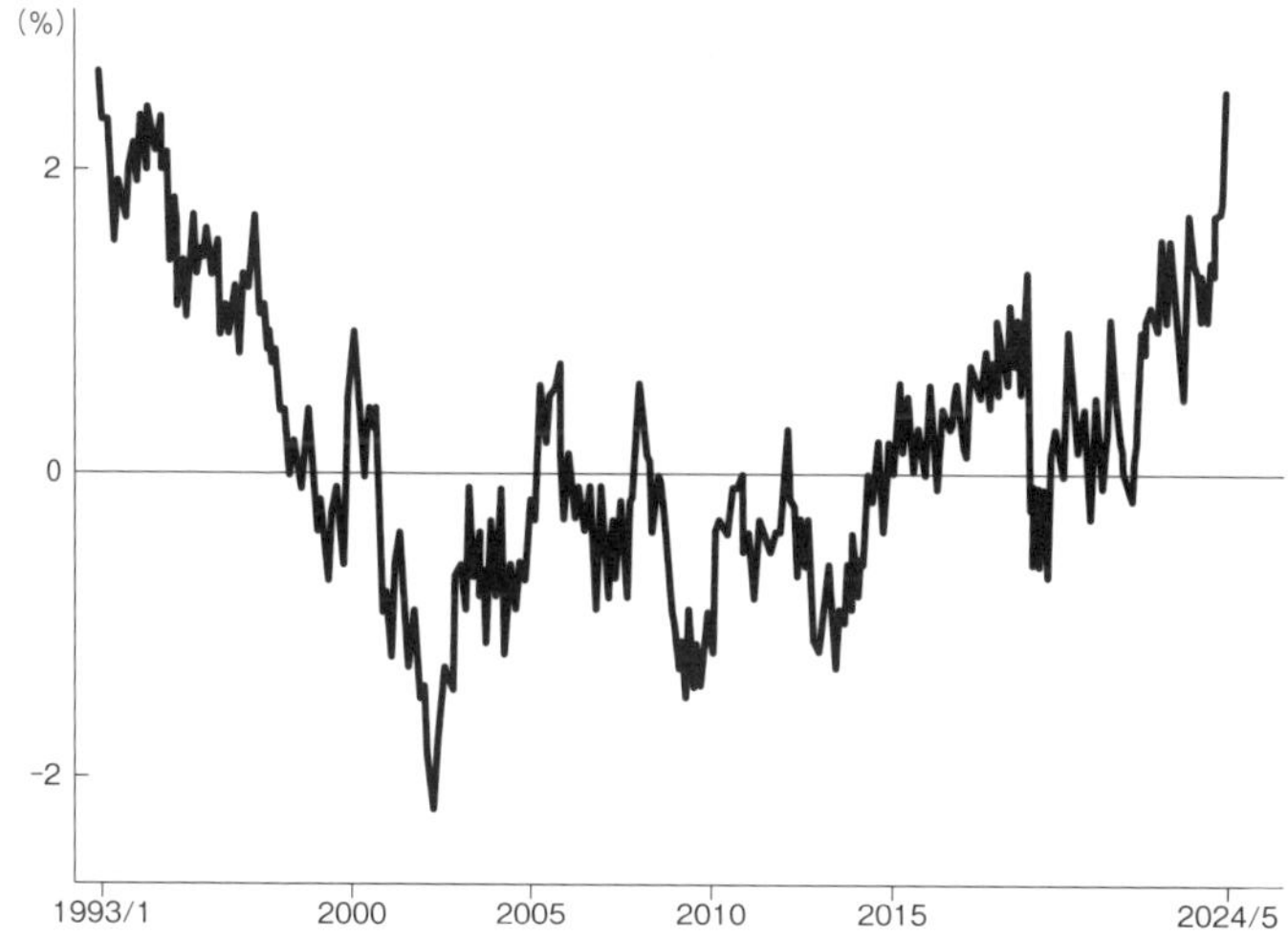

出所：日経新聞（2024年7月9日）

り前のことです。これだけ人がいなくて人を採用しなければならないのだから、最終的に価格に転嫁するしかないと、どこの企業も構えていると思います。どのタイミングで次の値上げをしようかと一生懸命考えていると思います。

こうなると実際、給料も増えるしかない流れとなってきています。２０２４年夏のボーナスは過去最高の98万円と、前年比で４・１％増え、３年連続のプラスです。製造業で初めて１００万円を超えたとあります。ここでもう一つ報道で驚いたのが中小企業は７・６％で、要は中小企業のほうがボーナスをバーンと上げているわけです。

ここも一つの面白いところで、大手企業はベースアップもしてボーナスも上げるが、中小企業はいくら頑張っても大手並みに給料を上げることができない。ベースアップは無理だから、ボーナスなら1回限りでいいから多めに出しているわけです。かように日本どこでも完全に賃上げが始まっているわけです。そうじゃなければ人は確保できないし、もうやめられちゃうわけです。だから各方面でボーナスはそれなりに出ているということなのです。

基本給の伸び率は31年ぶりの高さで、グラフを見ると鋭角的に伸びている傾向がはっきりみえています。完全に日本経済がインフレ転換しているからです。でも今後も給料が伸びるかどうかわからないし、第一に高給が払えるほど儲かってないのだから、給料が払えない。特に中小企業では業績が伸びるかどうかわからないと言っているわけですけど、そんなことはない。もう一気にこの儲かってる企業はどんどん給料を上げざるを得ないし、国際比較でそうならざるを得ないのです。

例えば課長職といえば、国際比較で大体3600万円ぐらいもらっています。日本は全然そこまで行っていないほど、まったく安いわけです。国際的に考えたら、もうその高い給料が当たり前の世界なのです。

上場企業みたいに国際展開している会社ほど国際的に近づくように給料を上げていく。先ほど述べた通り、スイスが時給4100円で、米国のマクドナルドで働いたら3200円という世界なのです。オーストラリアでも最低賃金2400円なのですから、日本は急激に追いつくしかありません。

賃上げの裾野は全国で拡大中です。特にパートタイムの給与の上昇が目立ちます。なぜかと言うと、パートタイムは月ごとに給与を変えることができるわけです。月ごとに変えることができるから、パートタイムの給与は経済の実勢を表しています。正社員だと通常昇給は1年に1度です。ところがパートは月ごとに上げられるから、どんどん上げる。パートの賃上げ率は平均5・75％だけど、ちょっとしたスーパーとか都内のスーパーだと7％以上上げています。しかも3カ月に1度は募集時の時給を引き上げないといけない状況となってきました。要は、3カ月ごとに時給を上げなきゃ誰も働いてくれない。以前、スーパーの社長さんが「社員募集したけど1年間誰も来なかった」とこぼしていました。

日本人はインフレを覚悟している

1年後に物価が上がると言っている人は、日銀のアンケート調査で87・5％です。これは6月の調査で、3月の同じアンケート結果から4・2％上昇しているわけです。つまり日本人の9割がもっと物価は上がると思っています。問題は1年後の物価上昇の数値予想が11・5％に上がると思っていて過去最高の数字なのです。さらに5年後に物価が上がるという回答がなんと82％で、完全にマインドが変わってきているわけです。「もう日本は物価が上がるのが当たり前じゃない」と日本人の大多数が思っているのです。

直近で日本の消費者物価が落ち着いたのは8月から生じてきた円高が効いているからで、秋口から円安で再び物価上昇圧力が増すのは必至の情勢です。

しかも総選挙で大敗した自民党は国民民主党など野党の協力がなければ政権の維持が難しく、ガソリンや電気・ガスなどの補助金をとても止められる状況ではありません。前述したように日本は電気やガス代に補助金を出すインチキをしているから実際は、欧米より日本の物価のほうが高い。実は物価の上昇率が高くなっているのが現実なのです。もう日米欧の物価も変わらないのに、金利だけ日本がほぼゼロとはおかしくないですか。

朝倉は常々「日米で物価上昇率が逆転します」と言ってきた通り、２０２４年8月の段階で現実のものとなりました。川上の物価である生産者物価も高いし、円安なのに為替介入や補助金とかで誤魔化して止めてしまう。そうすると国力は弱まるだけなのです。

結局、消費支出はどうなったかというと、実質消費は２０１９年段階より減っています。日本人はみんな構えているわけです。「もうちょっと待って、安いとこで買おうかな」と思っても買わない。普通だったら5月のゴールデンウィークにはみんなで旅行に行くのは通例でしたが、それが宿泊料が高くなったことで２０２４年のゴールデンウィークは旅行者も減少しました。さらに外国旅行は53・8％減。外国パック旅行もこんなに減ってしまったら、これかわいそうだと思いませんか。昔は円高でみんなが海外に行って、日本人は金持ちですねと金を使っていました。昔の昔の昔の学生時代に、フランスに行ってカルティエに入ったことがありましたけど、日本人ばっかり来ているという感じでした、当時の海外は日本人だらけというイメージでした。それが「高くて行けない」って、これ、あまりにもかわいそうだと思いませんか。これが現状、現実です。ものすごい円安で苦しんでいるから、消費できない感じになっているわけです。

年収別名目消費支出となると、年収1000万円以上の世帯年収の人だと4％消費は増えています。ボーナスの増額があったので、収入が増えている人たちはいるわけです。だけど年収640万から1000万円までの世帯収入の人たちの消費の増え方は1％から2％増ぐらいです。年収640万円以下の世帯収入だと消費はマイナス12％で、まさに高額所得者が消費を下支えしているという格差が広がっています。例えば三越の7月頭までの売上が時計2・4％増、宝飾品1・5％増ということで贅沢品はどんどん売れているのが実態で消費も2極化、まさにインフレの流れというのが出てきているわけです。

物価高はすでに前提であるのに、状況に応じて対応しないから経済が余計おかしくなっているわけです。ここに最近、倒産が増えている業種が何かというと、焼肉屋さんなのです。焼肉屋の倒産が昨年度から比べて2・5倍ぐらいになっています。実は肉の価格上昇率があまりにも激しすぎるからなのです。日経新聞6月5日のデータによると、アメリカの牛肉が1年で800円台から1400円台と8割上がっています。アメリカの肉よりも日本の和牛のほうが安くなっているというから信じられないと思いました。

そこで食肉在庫量はどうなっているのかというと、推定在庫量が減っています。吉野家とか松屋とかの牛丼屋さんが牛肉を確保しようと思っても、「その値段じゃ買えません」と買い負けているわけです。だから在庫が減っているわけで、日本人が肉を食えない状況なのです。その結果どうなったかというと吉野家の2024年3-8月期の純利益23%減です。もちろん人件費増が圧迫している現状もあるけれども、もう一つは原材料が上がっているからです。外食業界の大手はみんな5%どころじゃない人件費の上昇で吉野家9%増、ゼンショー11%増と給料をどんどん上げています。でも結果的に、吉野家の売上高は8%増えたということで、売上は増えているのに利益が減っているわけです。それは経費である牛肉が高いからです。

倒産企業は倒産させて新陳代謝

結局、新陳代謝が進んでないわけです。もう倒れるところは倒れて新しいところが出る。その新陳代謝が進まなきゃダメなのです。やめるところは廃業して新しいものが出ることで、新しい流れが出てくるわけです。

ところが日本の場合、この廃業率は3・3％なのです。これを米国でみると8・5％、ドイツ12・5％、英国10・5％、フランス4・6％。先進国の中で圧倒的に廃業しない企業が多いのです。今までの仕事を見切るのが難しく、無理やりかじりついちゃっているわけです。開業率をみると、日本は3・9％と最低なのに、米国11・9％、ドイツ9・1％、英国11・9％、フランス9・2％とどんどんみんなやめて始める、やめて始めるっていう新陳代謝が経済の中で起きているわけです。日本には全然それがないわけです。

だから廃業率も開業率も極めて低い。日本だと会社で借金をすると個人保証を求められますから、個人保障で倒産した人は個人財産まで奪われて、もう2度と立ち上がれないことが多くあります。法令がいろいろ変わっていますけれども、そういうところを変えていかなきゃダメでしょう。倒産しても立ち上がれる、失敗しても財産すべてを取らない、そういう社会にしなきゃダメなわけで、このあたりの法整備は喫緊の課題です。

だから雇用を守ろうとか、倒産しないようにとか、それではダメなのです。2024年になって倒産件数はどんどん増えてきたけど、これはもう止まりようもなく今後加速して年間1万件というところになってくると思います。特に目立つのが人手不足倒産と物価高倒産です。東京商工リサーチが発表した2024年上半期の倒産件数は前年同期比22％増の4931件でした。大企業はいろいろな意味で賃上げなどに対応できているから大丈夫、一方で対応が難しい中小企業は倒産しているわけです。中小企業が倒産しているから倒産件数は多い、だけど負債総額は少ないということで、強制的な新陳代謝が始まっている傾向は出てきているわけです。

人手不足倒産、物価高倒産、それからゼロゼロ融資の返済が始まりましたから、返せませんということで倒産が増えています。利益で金利支払いができないゾンビ企業が日本で2022年の段階で25万社あって、借り入れの金利支払いがままならないのです。

先ほど言ったように、日本はもう社会主義経済みたいになっていますから、転職する人が少なくてどうしようもないのだけれども、流れとしては徐々に変化が始まっているわけです。ダイナミックな方向に行くように少しずつ変化しているというのが現状ですが、その速度が遅すぎるのが実態です。

もう「倒産してはいけない」という行き過ぎた保護政策はやめるべきです。自由に倒産し、新たに起業するとしないと社会が活性化しません。厳しい自由競争にさらされなければならないと思います。

年収を上げた企業の成長は著しい
(22年度までの3年間の増収率)

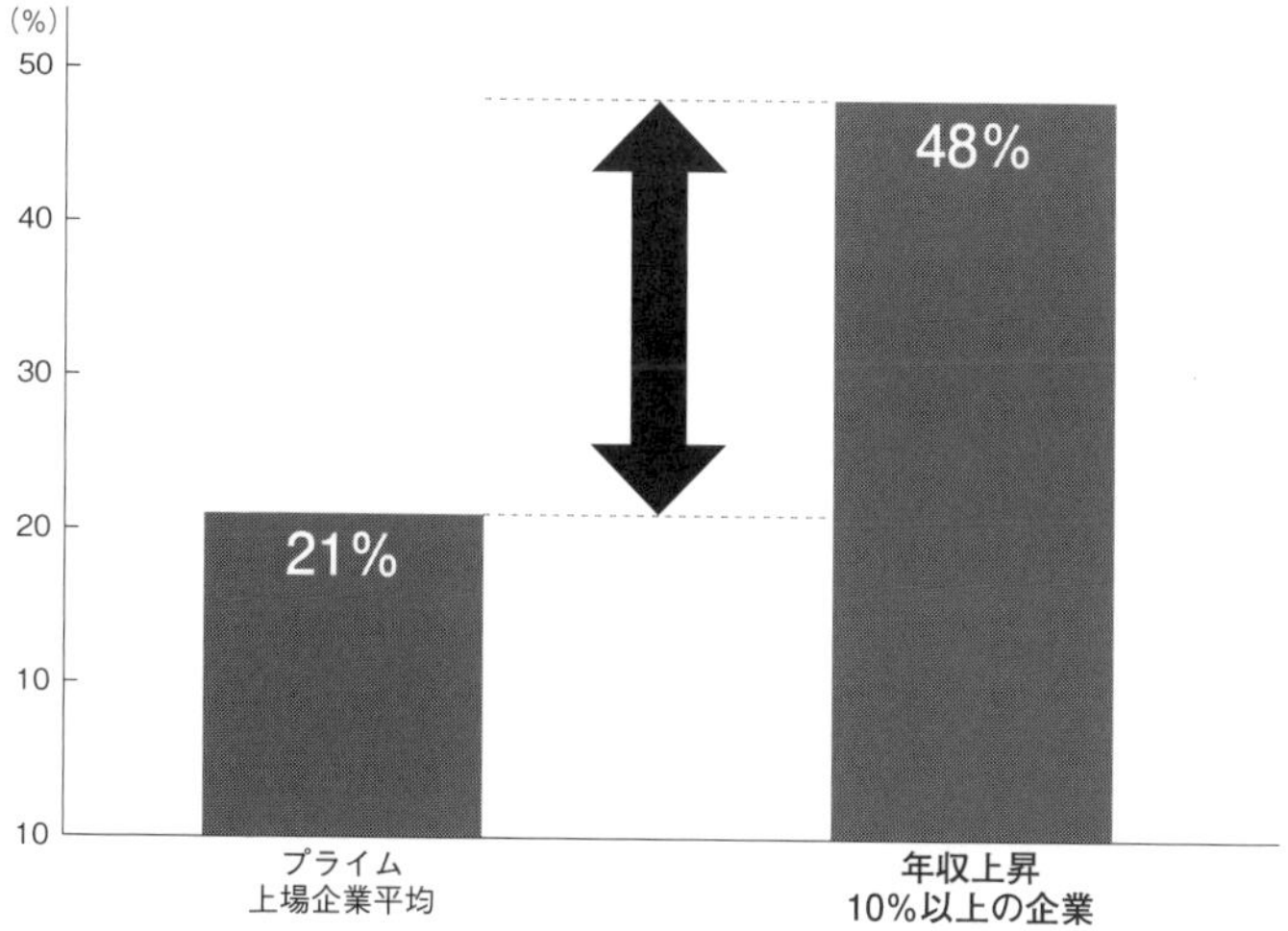

出所：日経新聞（2024年7月11日）

賃金を上げた企業の成長は著しい

値上げをした現在の値段でも赤字幅は結構増えている企業が多いわけです。値段は上がった、だけども売るために赤字という傾向は増えている。これが多くの商品で現実に起きていることです。結局、もう給料を上げるしかないと思います。給料をどんどん上げて人材投資をしなきゃダメな局面です。もう給料をどんどんあげて、その分働いてもらう流れにしなきゃダメだと思います。だから東証に上場しているプライム企業でも賃金の上昇が10%以上の企業は賃上げにもかかわらず成長が著しいわけです。

それは従業員に働いてもらって、この「賃上げは人材投資」とバンバン給料を上げた会社のほうが伸びているわけです。イオンにしても、ヤオコーにしても、小売りや外食は他の同業者も積極的に給料を上げる流れとなってきています。ゼンショーのように「他のところが9%なら、うちは11%、12%です」とやっているわけです。結果的に賃金引上げが目立つところが業績も伸びるわけです。

人材は投資だということで給料を上げていくことも明らかに統計でも出ているわけです。いや、この状況はどんどん加速していきます。加速して、社会主義っぽくなったところを市場の力が資本主義のダイナミックさを出そうとしていると思います。ところが政府に頼っていたら、全員が沈むだけです。だから資本主義のダイナミックさは我々も受け取らないといけないということだと思います。

第6章

日本復活の条件　解雇規制の緩和

驚愕の人手不足がやってくる！

「聖域なき規制改革を断行する。労働市場改革の本丸、解雇規制を見直す。2025年に法案を出す」

自民党総裁選に出馬した小泉進次郎氏は、日本の最も強力な岩盤規制にメスを入れる姿勢を示しました。また同じく総裁選に出馬した河野太郎氏は「一方的に解雇された時に金銭補償するルールがあれば次の仕事に余裕が持てる」と、これも小泉氏と同様に解雇規制の緩和について言及しました。これら解雇規制緩和の主張は自民党総裁選でも大きな波紋となって大々的な議論を呼び起こしていました。朝倉は両氏の主張しているように、日本でも解雇規制を緩和する必要性があると思っています。それを考える前に日本のこれから訪れる驚愕の人手不足について考えてみたいと思います。

リクルートワークス研究所は2023年3月〈未来予測2040労働供給制約社会がやってくる〉という驚くべきレポートを公表しました。このレポートによると2040年には日本において働き手が1100万人も不足して、日本全体で普通の社会生活ができなくなる可能性が高いというのです。レポートによれば「これは、単なる人手不足論ではありません。日本社会が生活を維持するために必要な労働力を供給できなくなる可能性があるということです。この背景にあるのは人口動態です。２０４４年までは65歳以上の高齢者が増え続け、一方で15～64歳までの現役世代が２０４０年までに急激に減少していくのです。結果として起こるのは、労働の担い手となる現役世代の割合が不足する社会です」と警告を発しています。

実際、さまざまな未来予測がある中で最も確実なものは人口動態から想定される未来予測です。人口動態の動きは出生率と死亡率がわかっているので狂いようがありません。その結果、今後の日本でどのような人口構成になっていくかを確実に予想できるわけです。そしてこのリクルートのレポートでは、その人口動態を基にして未来予測しているので、その結論を否定しようがないのです。

レポートによれば日本の労働力の不足は２０３０年に３４１万人の不足、２０３５年に６７８万人の不足、２０４０年には１１００万人の不足になっていきます。１１００万人の不足というのは東京の人口、そして現在の近畿地方全域の就労者（１１０４万人）が丸々消えてしまったのと同じ状況なのです。この基となる日本の人口動態の推移をみると来年２０２５年には15歳～64歳までの現役世代が７１７０万人、２０３０年には６８７５万人、２０３５年には６４９４万人、２０４０年には５９７８万人と劇的に減っていきます。そして65歳以上の人たちは２０２５年には３６７７万人、２０３０年には３７１６万人、２０３５年には３７８２万人、

2040年には3921万人と増え続けるというわけです。

この数字を基に日本の労働需要と労働供給の差を計算していくと、足元の2024年の段階で日本国全体の人手不足は25・1万人なのですが、先に書いたように2030年には341・5万人、2035年には678・9万人、2040年には1100・4万人足りないというシミュレーションができるというわけです。

問題は我々の現状として、労働人口の不足はわずか25・1万人程度に過ぎない事実です。2040年の1100万人の不足と比べれば、今の25・1万人程度の不足は想定される2040年の44分の1程度の人手不足です。現状は将来と比較した場合、まったく人手不足の状態に至っていないことがわかります。その状態の現在で日本中、各地で人手不足に対しての悲鳴の声が聞こえてくるではないですか！　これでは将来はどうなってしまうのでしょうか？

レポートでは各業種の人手不足の具体的な数字が示されています。それによると2040年には輸送・機械運転・運搬では98・8万人の不足。これでは宅配便も届きようはないし、タクシーなど街でとても拾えないでしょう。さらにトラックの運転手などほとんど見当たらないかもしれません。

そして建設業では65・7万人の不足です。こんなに建設業で人手不足となっては道路のメンテナンスなどできようがないし、橋なども使えないものばかりとなるでしょう。さらに災害の復興などできようもありません。今でも能登の惨状はみていられないほどですが、人がいなければ復興のやりようもありません。これがさらに酷くなっていくわけです。

介護サービスも58万人足りなくなるということです。こうなってはデイサービスなど引き受けてくれるところがなくなってしまいます。そうなれば年老いた両親を誰もが自宅で介護しなければなりません。そのような状態で会社員の人たちは、今までのように普通に連日会社に出勤できるのでしょうか？　朝倉の友人は70歳なのですが、自宅で１００歳の母親を介護しているということです。かようなケースが日本中多々出てくるのがこれからです。

また保険・医療専門職も81・6万人不足するということです。医者がいなくなれば診療してもらえません。そもそも近くに病院がなくなってしまう可能性が高いのです。今でも地方では医師不足が深刻な問題となっています。しかし２０４０年の将来と比べれば今の状態は格段に恵まれている状態だということです。要するに現在２０２４年の段階はまだ人手不足が始まった初期も初期、始まりの段階に過ぎず、これから恐るべき状態がやってくるというわけです。こうなると各地で医療崩壊となって、救急車を呼んでも受け入れてくれる病院を探すことができなくなるでしょう。

誰もが社会生活を維持することに精一杯となって、仕事どころでなくなる可能性があります。まさにこれから起こることは景気がいいので人が確保できないとか、給与を多く支払っても人が取れないというレベルの問題ではないのです。本当に日本の社会を維持していくことができなくなるという切実な問題が迫ってくるのです。

日本全土の労働力不足が迫ってくる未来を考えれば、雇用規制などで生産性の低いところに貴重な労働力を縛りつけておく余裕などないはずです。これだけの人手不足になるとなれば、誰でも働く気さえあれば次々と高い給与のところに転職できる流れが生じてくるでしょう。モノの値段は需要と供給の関係で決まってきます。労働力も一緒です。極端な人手不足となれば、どの会社でも人材の確保は急務であって大幅な賃金アップで日本中、働く人は当然のように高い給与をもらえる時代がやってくるはずです。このことは前章で述べたことです。

このような労働者、働く人が有利な状況（働き手が激減するのですから、働く人の価値が大きく上がっていくのは当然の帰結です）になるのがみえているのですから、やたらに労働者の権利を主張して、日本の企業を硬直的な雇用体制で縛って、企業の生産性を低くする政策を取る必要はありません。

企業側にも解雇規制を緩和する流れを与えて、その結果、日本で強い企業が生き残るようになり、働く人は当然のごとく高い給与で働く体制ができ上がったほうがいいと思います。いつまでも昭和時代の高度成長期の製造業が主流だった工場労働者の権利意識を持ち続けるのでなく、時代の流れにあった雇用規制の緩和を日本全土で受け入れて、日本企業全体を筋肉質にしていく体制を作るべきだと思います。とにかく人手不足はこれから驚くほどに深刻化するという将来を、危機感を持って日本全体が見据える必要があると思うのです。

10月1日、9月の日銀短観が発表になりました。それによると人手不足の進行が賃金の上昇を促している半面、人が確保できなくて企業活動が制限されてきたり、想定を超える物価高が各地で引き起こっている日本の姿が垣間見えるのです。雇用の状況を測る雇用DIをみると、製造業はマイナス19、非製造業に至ってはマイナス39と過去最低水準を更新する一方です。インバウンドで潤う飲食や宿泊業などは、まったく労働力が集められない状況です。

そしてここまで書いてきたように、これから先のことを考えると2024年末の現在の時点で、日本の人手不足は始まったばかりの状態なのです。現在はこれから本当の危機的な人手不足に陥っていく入口に立っているに過ぎないのです。

解雇の4要件

これほど雇用情勢がひっ迫していくのが明らかなのに、なぜ雇用規制は緩和できないのでしょうか？　これは当たり前と言えば当たり前ですが、日本の働いている人の大半は雇用されているわけです。自分が雇用されている身であれば、簡単に首を切られる制度ができてはたまりません。やはり雇用が安定していてこそ、先行きの生活への計画も立つわけです。雇用者が法律によって守られるべきなのは当然であり、社会の安定を維持するためには不可欠であると考えるでしょう。

しかしながら企業も中小大いろいろあります。どんな企業であっても一度雇用した人を永遠に雇用し続ける必要があるという制度では、企業側としてこの変化の激しい時代での対応は極めて難しくなります。

現代の変化の速さを考えてみてください。どんな企業であっても時代に対応して対処していくために雇用を柔軟に対処しなければ、とても時代の波についていくことができないでしょう。企業側が絶対的に常に成功する可能性のほうが高く、常に労働者を守れるような力を有しているのならともかく、多くの企業は激しい競争と国際的な競合に絶えずさらされています。企業を強くしていかなければ、雇っている雇用者に十分な報酬を支払うことすらできません。

社会全体として相対的に強い企業を残す。高い給与が支払えるような企業を育てていく。そのような日本経済全体のしっかりとした土壌がないと、日本全体の力が上がりません。結果的に多くの雇用者が生産性の低いところで働く流れとなって、日本全体としてみると高い給与が払えない、給与が他の先進国に比べて著しく安いということになってしまいます。

まさに現在の日本はかような悪循環の中にあると思うのです。石破首相が日本経済の問題としてかつて「バブル期に日本の生産性は世界一だったのにそれが31位にまで落ちてしまった」というのは事実であって、日本全体が大きな問題を抱えているのです。雇用者、多くの労働者の人たちも日本経済の強さ、各々の企業の強さがあって初めて高い給与も取れるし、経済全体が強くなって日本人全体が豊かで安定した暮らしができるようになるのです。ただ個々の労働者としては直観的に解雇規制が緩和するという方針は、〈拒否〉という気持ちが浮かぶのもやむを得ないこととは思います。

さて日本の労働法制をみてみましょう。日本の労働法制の基盤となっていると言われている〈労働契約法16条〉によれば〈解雇は、客観的に合理的な理由を欠き、社会通念上相当であると認められない場合は、その権利を濫用したものとして、無効とする〉としています。

そして4要件として、

1. 人員削減の必要性があるか
2. 解雇回避の努力をしたか
3. 解雇者の人選に合理性があるか
4. 労使間で誠実に協議したか

との要件があります。基本的にこの4要件すべてを満たさない場合、企業側は雇用者を解雇することはできないとしています。一方でこの各々の要件を満たすかどうかの法律的な判断は難しく、論争が続いています。

1の人員削減の必要性については、企業は経営状況の厳しさを具体的に証明する必要があります。何を持って経営状況が厳しいと言うのでしょうか？　企業側がさまざまな諸条件の下、自ら経営方針を変えることは許されないのでしょうか？　経営状況が厳しいことを法律的に証明することは、かなりハードルが高いと思われます。

このような経営危機を証明する必要があるということは、柔軟に人を確保、あるいは削減したいと考える企業にとって大きな負担になると思います。現在のような激しい時代の変化があるところでは、経営環境の変化によって柔軟な対応をしなければ企業としても激しい競争に打ち勝てないでしょう。

2の解雇回避の努力については、具体的に企業側は人員の移動とか賃金カット、出向などの手続きを検討する必要があります。これも企業側にとって大変な難題と思います。解雇回避の努力をしたことを具体的に示さなければなりません。

例えば正社員を解雇する前に非正規社員を解雇しなければならないでしょう。このあたりの規制は緩和して企業経営の自由度を高めるように柔軟に対応していいのではないでしょうか。

3の解雇者の人選に合理性があるか、という要件に関しては変更すべきでないと思います。これはなぜその人が辞めさせられるのかという根本問題であり、人権に関わる問題です。企業側もこの要件だけはしっかり説明する責任があると思います。

4の労使間で誠実に協議したか、ということもかなり主観が入ってくる話です。いったいどれだけの協議を行えば、誠実に協議したこととなるのでしょうか？　これらの問題は相当こじれる可能性も高いと思います。

解雇される立場からすれば解雇する経営側からの協議は、どこまでいっても十分と思えないことでしょう。どんなに高額を提示されたとしても、解雇される側としては、金銭面でも企業側の姿勢についても誠実さを感じられないと思います。

こうみていくと4条件のうち3の「なぜその人を解雇するか」という点では徹底的な説明が必要と思います。ただ、その他の3条件については主観の入る余地が大きくて、論争が絶えなくなるように思えます。これら1、2、4の3条件は緩和すべきだと思うのです。

解雇の金銭解決と北欧の事例

いずれにしても日本の1人あたりの労働生産性はOECD38カ国中31位という惨憺たる有様です。これでは早急に日本経済を強くするため、さまざまな規制を緩和する必要があるのは当たり前でしょう。欧米では解雇の金銭解決が認められています。雇用規制が日本より厳しいと言われている欧州でも実は、解雇の金銭解決は認められているのです。自民党総裁選では河野氏がこの主張をしていました。

しかし実は解雇規制の問題は、日本のさまざまな規制の中でも最も解決が難しく、岩盤規制の中でも最も解決が困難とみられているものです。自民党もこの問題は意識していて、解決すべくさまざまな検討をしてきた歴史があるのです。今回の総裁選で雇用規制緩和の問題で小泉候補が袋叩きにあったように、いざ選挙となると反対の合唱が始まるのが現実です。

安倍政権下の2015年の〈日本再興戦略〉にこの雇用規制緩和の問題が検討方針に盛り込まれました。以来9年間にわたって議論が続いているわけです。2017年には厚生労働省の検討会で〈雇用紛争時に労働者の救済の選択肢が確保できる〉制度の必要性を認める報告書が提出され、この金銭解決への道へと踏み出したのです。ところがこの案は連合などの労働側の猛反対にあって「不当解雇を正当化しかねない」という強い意見に押され、結局法制化はとん挫したわけです。

経済界の代表的な主張をみてみましょう。「人材が回っていくように労働法制は必要に応じて変えていくべき」「解雇法制は戦後に製造業を中心に経済発展する中で出てきたものなので、見直さなくてはいけないものだと思う」「金銭の補償もなく一方的に解雇されている事例を考えると、特に中小企業は金銭で対応する必要があるのではないか。ただ何でもいいから金銭解雇だと言っているわけではなく、乱用のないようにしないといけない」

経済同友会の新浪代表幹事は以上のように述べています。

実際、いったん雇用した社員を抱え込み続けることが日本企業の生産性に及ぼす悪影響は見逃せません。時代は劇的に変わっているわけです。時代は驚くべき速さで動いているわけです。足元で流行っているものが明日どうなるか、わからない変化が激しい時代です。

昨今のケースをみても、アマゾンが出てきたから町の本屋は一気になくなってしまいました。液晶の大失敗で日本の老舗企業であったシャープは、あっという間に経営危機に陥りました。ウーバーの導入が議論になっています。日本では中途半端な規制緩和によってタクシー会社にウーバーの代わりをしてもらう方針が進められています。しかもウーバーはテクノロジー企業です。タクシー会社とは企業の性格が違います。

このあたりに関して日本では、どうしても既存のシステムを守って混乱を防ぐという考えや圧力が極めて強いわけです。こんな中途半端な規制緩和で抜本的な流れが変わるわけもありません。海外に行ってウーバーのない国はほとんどありません。このようなシステムは時代に合ったテクノロジーを使った合理的な輸送システムだと思います。確かに日本でウーバーを解禁すれば、多くのタクシー会社はつぶれてしまうかもしれません。

しかしそれをやらなければIT時代の恩恵を人びとに与えることができません。また現実問題として人手不足の地方では足がありません。タクシーが圧倒的に足りないし、運転手も圧倒的に足りないのです。将来を考えればウーバーのような合理的なシステムを日本全土に構築して、この圧倒的な人手不足に緊急に対処する体制を作る必要があるのです。

その流れの中での淘汰はやむを得ないところがあると思います。かつて株式市場なども旧来の証券会社が独占的に運営していました。そこにインターネット全盛時代が到来し、時代の流れの中でネット証券が格安の手数料で進出してきました。これでは既存の証券会社は手数料の安いネット証券にほとんどお客様を奪われてつぶれてしまいます。そこで既存の証券会社は、ネット証券の認可や証券取引に関わる手数料の自由化に大反対しました。自らの存続が危機に至るわけですから、当然の大反対でしょう。しかしながら国は規制を緩和、証券取引の手数料は自由化されました。それによって投資家は安い、ほとんどゼロの手数料で株の売買ができるようになりました。この大きな規制緩和が日本の証券市場をどんなに発展させたでしょうか。規制を緩めることは国民全般にとっていいことなのです。

ただ既存の既得権を持つ勢力にとっては、死活問題なのです。インドに行くと小さな小売店が山のように連なっています。日本のスーパーのような大型店はほとんどありません。インドでは中小の小売業を保護するために、スーパーや大型小売店の出店は極めて困難なわけです。かような保護政策がどんなにインドの経済発展を遅らせているでしょうか。

現代でたとえウーバーが全盛になったとしても将来に突如、自動車が自動運転になってしまうかもしれません。そうなればウーバーでさえ、生き残れるかどうかわからないわけです。

かようにすべて変化が速いのです。企業としては変化に合わせて事業構造を柔軟に見直す必要があるのです。変化に対応できない社員であふれかえった企業は、当然成長力が低下します。場合によっては倒産するでしょう。人材の新陳代謝を妨げる雇用法制はデジタル化が急速に進む現在、見直さなければならないのです。

金銭補償して雇用関係を終了させることで〈一方的に解雇された時、金銭補償によって次の仕事を探す余裕を持てる〉という面もあるわけです。現実の日本の場合は金銭補償の法律的な枠組みもありませんから、不当解雇をされて泣き寝入りしているケースも多々あると言われています。かような不当な問題も裁判などせずに法案が整っていれば、解決への道も開きやすいのではないでしょうか。欧州では金銭による解雇制度はすでに導入されています。

また働かないことにインセンティブを与えるべきではないと思います。そこで職業訓練に力を入れているのが北欧諸国の制度です、北欧諸国では失業手当の受給の条件として、求職活動や職業訓練への参加を義務づけています。実際、時代の変化で新しい仕事も増えていきますから、職業訓練をすることによって時代にあった新たな仕事に就けるわけです。

北欧ではＩＴや環境分野など企業ニーズの高いカリキュラムが整備されています。デンマークではGDPに対する職業訓練への公的支出の比率が日本の30倍という凄さです。スウェーデンでは2009年に新たな社会人向け職業教育制度を導入しました。これによって企業や労組がカリキュラム開発や人材受け入れで連携しています。このような再就職に対しての環境を徹底的に整備することは合理的だと思います。こうして北欧では穏やかな解雇規制によって成長産業への労働移動が進んでいるのです。

米国の雇用と日本の雇用

米国は転職社会です、日本でいう出世は転職によってなされるシステムです。米国の労働者の平均的な転職回数は生涯11・7回、日本は2・3回です。米国では転職するたびに給与が上がっていくイメージです。平均勤続年数をみてみると、米国は4・1年、日本は12・3年、ドイツは9・7年、英国は9・5年です。日本でも昨今は転職が盛んになってきました。

米国でなぜかように転職が可能なのか？　と言うと、それは仕事の性質の違いに要因があると思います。日米では会社に属していても個々が行っている仕事の質に大きな差があるのです。具体的に言うと米国では自らが専門的な知識を学んで、それを発展させていくわけです。誰もが働きながら専門性を高めていって、次々といい仕事をみつけて転職していくイメージです。

いわゆるジョブ型と言われます。

米国では一般的に一つの職種でキャリアを磨いていって、そのキャリアに応じて職務内容など働く条件を明確にして雇用契約を結ぶわけです。米国の労働者はかような環境に慣れているので、日本のように会社に雇用を守ってほしいと考えるより、自らキャリアを高めていく努力をしていくわけです。いわば会社に頼らない、自分のスキルを磨き高めていく姿勢です。かように米国では専門性を武器にして転職市場でより良い仕事を探すというわけです。

ですから転職先がみつかること自体が、日本の会社でいう昇給や昇進を意味します。そしてそのように簡単に転職できるように転職市場が整備されているわけです。

米国での転職時の決まり文句は「とても断れない魅力的なオファーを受けました」という昇進を喜ぶ嬉しい挨拶になるわけです。しかも米国では公平性を重んじています。性別や年齢、人種で差別することは禁止されています。驚いたのですが、米国の履歴書は性別、年齢、趣味などの記述欄がないのです。写真もありません。かように米国では差別してはならないことが徹底しているのです。

それに対して日本の場合は就職というより〈就社〉というイメージが強いと思います。日本では新卒を一括採用して後から仕事を割り当てて、さまざまや部署や職種を経験させていって出世競争をさせているシステムです。ですから日本のサラリーマンは専門性を極めるより人間関係とか協調性などが求められるケースが多いと思います。その分、その会社に在籍していないと、つぶしが効かないケースも多々あると思います。かような終身雇用を基本とした日本のシステムは会社への忠誠性や会社が家族のような関係になり、安心して生涯勤めあげるということが多かったわけです。

しかし日本企業も時代の流れの中で、かような終身雇用制度が通用できなくなってきました。最近では若い人を中心に転職が一般的になってきたわけです。日本でも転職希望者は2013年の時点で800万人でしたが、2023年の時点では1000万人と大きく増えてきています。転職経験率も2016年は3・7%でしたが、2023年は7・5%と7年で倍化しています。転職で年収アップするケースも一般的になりつつあります。

昔は転職した場合は給与が大きく下がるのが当たり前でした。終身雇用制で年齢とともに給与が段階的に上がっていくのが普通でしたから、転職すれば給与は下がったのです。

ところが現在の状況は完全に変わりつつあります。転職で年収アップした人は2020年では33・9%でしたが、2023年は39・1%となりました。この比率は今後上がっていく一方でしょう。日本でも転職すればするほど給与が上がるという流れになっていくでしょう。

米国の雇用に対する考え方

それでは米国の雇用に対しての考え方をみてみましょう。米国では〈アット・ウィル〉（at-will employment）という考え方が徹底しています。日本語に訳すと「雇用は双方の意志による」となります。

雇用者と被雇用者は対等な関係であって、お互いが自由に雇用関係を終了できるというわけです。まさに被雇用者も雇用者も双方向が柔軟性を持っているのです。これによって雇用者は正当な理由がなくても労働者を解雇することができ、逆に労働者はいつでも自分の意志で退職できるというわけです。もちろん一定の例外はあります。例えばUSスチールなどストを行って賃上げを勝ち取っています。しかし、そのストを理由に解雇すれば法律違反です。昨今はカリフォルニア州の港湾労働者が賃上げを求めてストを行っていました。航空会社の労働者などもストを行って賃上げを勝ち取っています。

米国でもこれらブルーワーカーに対しては労働者を守るという制度が整っているのです。というのもUSスチールや港湾労働などでは、具体的に他の労働のスキルが磨けるわけではありません。USスチールの工場で働けば工場内での労働スキルは上がるでしょうが、他の職種で通用しないでしょう。よってこれらブルーワーカーの労働者は、米国では十分に保護されているわけです。このあたり米国のシステムは職種によって雇用規制はさまざまであり、労働法制も柔軟性があると思います。

そして一般的な企業ではスキルを磨いて転職していくという形です。工場で長く働き勤め上げるという昭和の時代と違って、今の時代では日本でも米国のシステムを一部取り入れることを真剣に検討すべきです。何と言っても米国では「企業の成長や競争力を守るには自由市場の理念が欠かせない」という深い基本的な考え方があるのです。

実際、規制や共産主義のような自由を奪うやり方では企業や人びとも発展しません。自由な市場や自由な考え方、自由なシステムは最も大事なことなのです。自由――見方を変えると自己責任、これが極めて大事なことです。米国では労働市場も基本的にこの自由主義の考えに沿っているわけです。「企業の競争力を維持するためには柔軟な労働の活用が極めて重要」ということなのです。

企業の成長や競争力を守るために解雇や人材の最適化が必要とされる場合に、厳格な雇用規制があると、企業活動が制限されてしまいます。これでは経済が活性化しません。米国では「雇用の流動化が高いことが米国経済のダイナミズムを支える重要な要素」と考えられているのです。ですから米国では経済が成長するためには労働力の流動化が不可欠であり、労働者は必要に応じて新しい雇用機会にすぐに移動できることが推奨されるのです。

そして働く側の労働者も解雇のリスクを承知しているわけです。このような環境の下で労働者も自由に企業間を渡り歩き、その中で頻繁に転職することやキャリアアップしていくことが当たり前となっています。米国ではこのシステムが文化的にも受け入れられているのです。

実際、硬直化した雇用体制では国際競争に勝てないというのが今の現実ではないでしょうか。米国のIT大手、アップル、アマゾン、メタ（フェイスブック）、アルファベット（グーグル）、マイクロソフトなどあれだけ膨大な利益を叩き出し、膨大な資本を蓄積しているわけですが、従業員を自由に解雇、採用し続けています。もしこれらIT大手5社が一度雇用した人を辞めさせることができないという縛りのある雇用制度の下で運営されていたら、現在のような活力を持つことはなかったでしょう。

何しろ世界をけん引している超エリート企業です。これらの企業で働いている人も競争の中で働いているわけです。これらの企業で働いてきた人は、仮に転職しても自らも新しいキャリアを作っていくのが容易なはずです。

現在、日本の労働環境を見渡しても製造業主体ではなくなって、工場で働く人が一般的とは言えません。さまざまなスキルを持った人が働く職場のほうが先進国で多くなっているわけで、かような企業において雇用規制が緩やかなのは合理的と思えます。

現在の激しい国際競争の現実を考えると、最終的に各々の企業が強くなっていくことが必要です。そのために柔軟な雇用政策を実施して企業を強くする体制を整えることこそが、長期的には全体的な雇用体制を安定化させることとなると思うのです。

現在の世界の環境をみれば、やはり労働者の意識改革も必要と思います。米国の労働者は解雇されるリスクをある程度受け入れる一方で、転職や自己啓発を通じて自らのキャリアをしっかり管理しています。そして米国の社会では、仮に失業したとしても失業保険や転職支援サービスが充実しており、雇用の流動化を補充するシステムが整っているわけです。米国は長くこのようなシステムを取っていますので、歴史的に労働者は雇用の流動化に反発することはありません。むしろ労働者は自分自身が労働市場で競争力を高めるという意識がしっかり根づいているわけです。

米国式雇用のメリットをまとめてみると、

1．**労働市場の柔軟性が向上**　企業は市場の変化に迅速に対応できます。

2．**経済成長の加速**　企業の成長分野や新しいビジネス機会に柔軟に対応できるようにして、労働力を効果的に配分することが可能になります。その結果、経済は持続的な成長ができるようになるわけです。

3．**スタートアップ企業や中小企業の成長**　日本ではスタートアップ企業や中小企業は厳しい雇用規制のために人材採用がどうしても慎重になります。新興企業にとって雇用規制は緩い米国のシステムはありがたいと思います。そして日本でも米国のようなシステムを採用すれば、新興企業もリスクを取って雇用しやすくなるわけです。こうなれば日本でも新しい起業が盛んになる素地ができあがるわけです。

一方で米国的システムのデメリットは、

1. **労働市場の不安定化**　労働者は解雇のリスクを意識するので生活や社会の安定性が損なわれます。

2. **労働者のモチベーション低下**　会社が場合によっては自分を解雇するかもしれないと思えば、当然会社に対しての忠誠心が低下します。それは場合によっては仕事へのやる気を低下させます。特に日本では従業員の会社に対しての帰属意識が強かったので尚更です。

3. **格差の拡大**　特にスキルの低い労働者や中高年層が不安定な雇用状態に置かれ、貧困層の増加とか格差の拡大が起こる可能性があります。

この3の格差拡大は難しい問題です。ただし現在のような日本の1人あたりの生産性の著しい低下を考えると、日本では弱者救済に力を注ぎ過ぎてきたと思います。

やはり一生懸命仕事をしてきた人が報われるべきです。仕事が出来なくても出来ても大差なければ、一生懸命仕事する人はやる気を失います。日本では容易に会社に居座れる状態が広まっていたように思えます。日本に足りないのは厳しさや競争原理だと思います。

こうみていくと、確かに米国式雇用の厳しさやデメリットもあります。日本の社会で米国のような競争原理の基づいたシステムを導入することで、日本の社会の良さが失われてしまうという意見もあると思います。

しかしながら日本全体、かような甘えを持ってやっていける時代は去ったと認識すべきではないでしょうか。日本では失業を防ぐための伝統的な雇用政策を行ってきて、労働者を守り続けてきました。その結果、生産性の低い企業が平気で温存される流れが続いてきたわけです。

一方で甘い労働政策を改革しようとすれば、激しい反発に合うわけで、労働政策は政治主導で進めることが最も難しい問題でもあります。立憲民主党の野田代表は「解雇規制と労働市場の流動化の相関性はない」とデータのないことを主張して、解雇規制の緩和に反対しています。しかし、そもそも日本ではかような解雇規制の緩和を行ってこなかったのでデータがないのは当たり前です。前章でも述べたことですが、企業が解雇しやすいようになると、労働市場に多くの人が参入することとなるので、当然労働市場の活性化が起こると思います。

その労働市場が冷え込んでいて、一度失業したら二度と就業できないというのならともかく、先に書いたように日本では今後圧倒的な人手不足が襲ってくるわけです。やる気のある労働者であれば即座に次の仕事がみつけられる状況なのです。かような現実、日本の行く先を考えれば、思い切った改革が今すぐに求められるところだと思います。

そこで朝倉からの提言

雇用規制の緩和を行っても混乱が起きないように当然、セーフティーネットの十分な整備が必要となります。自民党総裁選でも「十分なセーフティーネットを作ってから雇用問題に取り組むべき」という意見も多くありました。

一見すると、このような安心できる体制を作ることが大事と思えます。ただし実際のやり方として、雇用規制の緩和とセーフティーネットの構築という2つのことを同時に進めるほうがいいと思います。このような大改革はやってみないとわからない点が多いからです。労働者が失業しても大丈夫な状態をしっかり整えておきます。もちろん、このセーフティーネットは強力でなければなりません。要するに解雇されたとしても「次があるから大丈夫」と思えるしっかりした体制を整えておくのです。そうなれば労働者の不安も払しょくされるでしょう。

具体的に再就職の仕組みを作っておく必要があります。柔軟に働くことができる、次があると感じることで世の中が少しずつ変わっていくでしょう。その上で雇用規制を緩和することで、今度はさまざまな予想しなかった新たな問題も出てくるでしょう。それらの問題が出てきた時点で、早急に対応する体制を作っていけばいいと思います。やってみて、実践の中で起きてきた問題に対してスピーディーに対応して、徐々に成功体験を重ねていくイメージです。

実際問題として日本でこのまま硬直的な雇用体制を続けていけば、各企業も日本全体も時代の波に押し流されて成長力を失ってしまいます。そうなれば結果的に日本経済全般が沈没してしまいます。今の時代に合わせて課題は早期発見、即座に対処、そしてそのような改革を実行する中で労働市場は大きく活性化することでしょう。労働市場が流動化すれば自然に市場が活性化して、日本でもベンチャー企業が多々生まれる素地ができてきます。かような新たな息吹が日本を変えていくと思います。

北欧のように再教育の制度も充実させる必要があります。これらの施策を思い切って同時に行うことで、多少の混乱は生じるでしょうが、最終的には日本経済全体、規制緩和の大きなメリットを受けるようになると思います。

そのような構造改革を行うことで、多くの労働者が自然に高い給与が取れる体制となっていくと思うのです。要するに日本人全体、このままでは日本が全体として沈んでいく可能性が極めて高いことをしっかり認識して、経済構造の改革への強い意志を共有する必要があると思います。

終章

朝倉慶が注目する株式20

ソフトバンクグループ（9984）

人工超知能に投資を進める孫正義の勝算

「次の一手に向けて数百億ドル（数兆円）を準備している」

サウジアラビアの首都リヤドで開催されている投資会議で、ソフトバンクグループの孫正義会長は壮大な計画を披露しました。孫氏によれば人間の1万倍の知性を持つ人工超知能、いわゆるＡＳＩが２０３５年までに実現するということです。

そしてＡＳＩを実現するために累計で9兆ドル（約１３７０兆円）という途方もない金額の投資と2億個の半導体が必要になるそうです。しかし、そのおかげでＡＳＩ関連で将来、年間4兆ドル（約６１０兆円）という膨大な利益が出るということです。ソフトバンクグループとして、その利益を分け合う1社になるようです。

膨大な半導体投資が始まっている一例として孫氏はエヌビディアについて言及、エヌビディアの株価は決してバブルなどではなく逆に「過小評価されている」と述べています。

一見すると孫氏の発言は大風呂敷のように感じますが、氏の株式市場における実績は群を抜いています。ヤフーから始まってアリババやエヌビディアやアームなど歴史的な大相場を演出し続けてきた銘柄群にことごとく関与し続けてきました。

ソフトバンクグループ（週足2023年7月10日〜2024年11月18日）

孫氏は並みの目利きではありません。氏の将来を見据える目は常人には理解できないものがあります。同氏はエヌビディアとアームについてどちらを選ぶかと聞かれたら「1秒の迷いなくアームを選ぶ」と豪語しました。

実際、アームを3兆円で購入しましたが、そのアームの時価総額は25兆円を超えてきています。しかもソフトバンクグループはアームの株式を9割保有したままです。ソフトバンクグループはアームだけで23兆円もの資産を有しているのです。それでいてソフトバンクグループの時価総額はわずか13兆円にしか過ぎません。これまでの孫氏の投資の実績を考えれば、ソフトバンクグループは余りに低すぎる評価と思います。

ウォーレン・バフェット氏は世界に冠たる

投資家です。しかし孫正義氏もバフェット氏に劣らない投資家です。投資のやり方は違いますが、孫氏は派手であり、超大化け銘柄を発掘する才覚を持っています。同氏の率いる投資会社ソフトバンクグループは夢が膨らむ投資だと思います。

TOTO（5332）

中国で苦戦も世界市場で勝算を感じるTOTO

「日本市場で経験した大ヒットと同じ、いやそれを上回ると感じる勝機が訪れようとしています。温水洗浄便座が普及の入口に入った今こそ迷わず、加速する時。TOTOは機能やデザイン、品質を長年に磨き上げ続け、累計出荷台数6000万台を超え、世界で最も多く温水便座を提供してきた企業としての自信と知見をもとに市場を拡大させていきます」というTOTOの清田徳明社長は米国でのウォシュレット販売にかつてない好機を感じているようです。これは実現するのではないかと思います。

我々日本人は今やどこでも温水便座が当たり前で必需品となっていますが、これは中国でもそのような流れとなっています。米国でも当然、温水便座が当たり前の環境になっていくのではないでしょうか。日本発のビジネスやアニメや日本食などは世界に浸透するまでに時間がか

TOTO（週足2023年7月10日～2024年11月18日）

かっても、一度浸透すると大きく発展していくことが多々あります。

今やファーストリテイリングこと、ユニクロも「世界のユニクロ」になってきましたが、同社が欧米に進出した当時は赤字で苦戦していた時期もありました。ＴＯＴＯのウォシュレットも米国で１９８０年代から販売を始めたということですが、当時はウォシュレットの価値が伝わらず医療機器として誤解されたりしたということです。

ところが東京オリンピックを経て日本を訪れた観光客がウォシュレットの虜《とりこ》になり、それを本国に帰ってＳＮＳで伝えるようになって大いに広まってきたということです。米国でのウォシュレットの拡大は今後、爆発的になる可能性もあるのではないでしょうか。

ＴＯＴＯの決算をみると米国でのウォシュレットの販売台数は２０２４年４－６月期29％増、７－９月期31％増と完全に拡大期に入ってきたように思えます。この流れは続くと思います。

一方で10月28日に発表した決算で２０２５年３月期の連結純利益が前期比３％減の３６０億円になる見通しということです。市場予想の３９３億円を下回りました。このため発表後の株価が急落12・６％の大きな下げとなったのです。

しかしながら、この主因は中国市場での不振です。ＴＯＴＯの中国での営業利益は従来計画の44億円の黒字から44億円の赤字に転落するのです。同社は中国事業について抜本的な戦略の見直しを行うということです。中国は不動産バブルの崩壊で経済自体が惨憺たることになっています。中国全土で幽霊マンションが各地にあり、売れないマンション群であふれています。中国ではとても新規の不動産投資が盛り上がるムードはありません。

ＴＯＴＯとしては中国事業を見直して、米国に資源を集中していくのはいい戦略だと思います。ある意味、今回10月28日に発表した決算で、中国市場の赤字を出したことでウミを出しきったように思います。日本発の製造業は強く、一般的には自動車のトヨタとか半導体の東京エレクトロンなどに注目が集まりますが、地味ながらも着実に受注が増えているＴＯＴＯの将来に期待したいところです。

積水ハウス（1928）

人口減の日本から米国市場を狙うハウスメーカーの雄

「本日開催の取締役会において、米国事業統括会社を通じて、米国において戸建住宅事業を行うM・D・Cホールディングス社の株式のすべてを取得すること（買収）を決定しました」

2024年1月18日、積水ハウスは大きな発表を行いました。米国のM・D・Cホールディングス社を日本円概算7000億円超で買収すると言うのです。これで積水ハウスは米国の住宅事業に本気で参入していく体制が整ったわけです。7000億円超の資金を投入しては、積水ハウスとしてもこの買収に失敗するわけにはいきません。

積水ハウスの力が本当に発揮されるのは、まさにこれからです。米国での事業の成否が今後の積水ハウスの勝利の帰趨《きすう》を決めていくことでしょう。先に書いたTOTOもそうですが、日本企業は細かいところにも目が行き届いているので、日本で成功した企業は世界でも受け入れられる可能性が高いと思います。

積水ハウスは日本のハウスメーカーの雄であり、日本の戸建て住宅では圧倒的なシェア持っています。日本式のサービスを米国で展開することで米国でも大成功する可能性があると思います。すでに先行して米国での事業を拡大してきた住友林業も米国での住宅事業で大成功を収めています。積水ハウスも続いていくと思います。

やはり人口が減少する日本だけでビジネスを行っていても、どうしても頭打ちになってしまう可能性も高いわけです。企業としては日本国内の市場をある程度押さえたら、今度は海外に打って出るのは企業の成長を考えれば当然の選択であります。その海外進出を考えた場合、米国が一番のターゲットとなるわけです。積水ハウスが中国に進出して中国市場を開拓するイメージは湧きません。しかしながら米国での大型住宅であれば同社の長所が十分に発揮できるのではないでしょうか。

買収から9カ月経過した9月5日に出した決算では明らかにM・D・Cホールディングス社を買収した成果が出ていました。米国での売上高は3倍の3919億円、営業利益は9・4倍の132億円と大きく伸びたのです。一方で日本国内の売上高は2306億円、営業利益は207億円でした。

売上が大きく伸びている米国事業の先行きが楽しみです。というのも現在の米国の住宅事業はFRBによる度重なる利上げを受けて、消費者は高金利で住宅を買いづらい展開です。10月29日に発表になった米国の8月の住宅価格指数は前年同月比4・2%の上昇と前月の4・8%の上昇から失速しています。これから金利が下がりそうな気配でもあり、米国の消費者は住宅購入に様子見モードとなっているようです。住宅価格の伸びが頭打ちとなり、金利がピークを

積水ハウス（週足2023年7月10日～2024年11月18日）

付けた後ということもあり、米国の住宅販売は足元では不調です。全米不動産協会が発表した中古住宅販売件数は8月が10カ月ぶりの低水準でした。

このような悪い環境下で積水ハウスはこれだけ健闘しているのですから、今後米国が利下げを続けて住宅ローン金利が低くなる、ないしは米国のインフレが再度復活して金利が高くなる場合でも住宅需要は盛り上がってきておかしくないでしょう。積水ハウスの米国事業は先行き面白い展開になると思います。そうなれば業績は大きく向上していくのではないでしょうか。

さらに積水ハウスは株価としても割安です。配当利回りは3・5％、ＰＥＲは11倍、ＰＢＲは1・2倍です。これでは上がるまで待って長期保有することも悪くないでしょう。資産株としてゆっくり保有するつもりで購入して、米国事業で大化けするのを待つのも一考ではないでしょうか。

三井不動産（8801）

築地再開発で期待できる財閥系不動産会社

総事業費9000億円、いよいよ築地の再開発が始まってきます。都内でこれほど大きく、また立地のいいところの再開発があったのでしょうか？　築地の再開発は近年まれにみる大プロジェクトになることは必至です。

その計画の中心に位置するのが三井不動産です。今後折に触れて話題にならないということはないでしょう。総事業費も現在の段階での試算ですから、今後1兆円どころか2兆円超に達する壮大なプロジェクトに発展していく可能性も高いと思います。

すでに東京都は2024年4月、この大事業の事業予定者を決定していて、三井不動産を中心に、トヨタ自動車、読売新聞グループ、鹿島建設、清水建設、大成建設、竹中工務店、朝日新聞という具合にオールジャパンのビッグネームが並びます。銀座から歩いていける築地が大変革するのは、今からワクワクするような話です。計画では約19万㎡の膨大な敷地に5万人を収容するマルチスタジアム、1200人規模の文化・芸術拠点であるシアターホール、舟運や空飛ぶ車、自動運転車など施設は最先端の技術と流行を合わせた極めて魅力的なものとなっていくと思われます。

さらに現在、水道橋にある東京ドームの跡地やその周辺も再開発されるでしょう。かような大プロジェクトは今後数年、国内において考えられないのではないでしょうか。築地再開発はそれほど大がかりで日本中の注目を集めるのは必至です。かような大プロジェクトが動き出し、連日報道されるようになれば、三井不動産は否応なく人びとの話題をさらうでしょう。

その三井不動産は株主還元にも積極的です。同社の藤岡執行役員は「新中計で総還元性向は50%以上、配当性向は35%程度と、それぞれ従来計画から5ポイント引き上げ、累進配当も明記した。再びパンデミックが発生しても、配当を減らすことはなく株主に還元できる水準だ。成長、効率、還元を三位一体で進めていくことが投資家の期待に応えることになる。我々の企業価値や株価の向上につながる」と話しています。この還元計画は具体化されており、三井不動産は2027年3月期までの3年間で、営業キャッシュフローと資産売却で3兆円の現金を創出し、成長投資や株主還元に充てる方針です。

そもそも三井や三菱のような旧財閥は、日本の最も重要、かつ一番高い土地や建物を山のように保有しています。日本でもインフレが今後激化していくことは必至と思えますので、これ

三井不動産（週足2023年7月10日～2024年11月18日）

ら三井不動産や三菱地所の保有しているような優良な土地はどこまで値上がりするかわかりません。本書の主題である、今後の世界ならびに日本のインフレ加速を考えても、最も恩恵を受けるのは、これら財閥系の不動産会社だと思います。

11月8日、三井不動産が発表した決算は純利益が前年同期比32％減の883億円でした。オフィスやホテルは好調だったのに、前年同期は米国の大型物件や有価証券の売却益があったので、その反動が出たということです。もちろん三井不動産のような財閥系の不動産会社は保有物件を売却すれば、いくらでも利益を出すことができるわけです。一度の減益決算でこの会社の先行きを悲観するのはおかしいと思います。

今のところ不動産会社は日銀による利上げへの警戒感から人気が離散していますが、インフレ時代の到来を予想すれば株価は居所を変えると思うのです。

INPEX（1605）

国策に売りなしで押さえておきたい資源会社

中東の情勢は混迷する一方です。その割に原油価格は落ち着いています。10月30日、OPEC加盟国とロシアなど非加盟国で構成するOPECプラスは、12月から予定されている自主減産の縮小を1カ月以上延期する可能性があると明らかにしました。世界での原油需要が低迷する中で供給が増えることへの懸念が延期の要因とみられています。この自主減産の縮小は10月にも延期されています。どうやらOPEC諸国も財政事情が苦しく、多くの加盟国が減産をやめて増産して収入を増やしたいのが本音です。中東での混乱にもかかわらず、こういう状況をみると原油相場は弱含みで推移しそうな気がします。

しかしながら、やはりイスラエルとイランの紛争は拡大していく可能性が高いと思います。イスラエルにとってイランを野放しにして核開発を成功させては取り返しがつきません。イスラエルはこの機会に米国を戦争に巻き込んでイランを徹底的につぶしたいと考えていることで

INPEX（週足2023年7月10日～2024年11月18日）

しょう。イスラエルのネタニヤフ政権はあらゆる手を使ってイランへ挑発を続けるでしょう。イラン政府の立場に立てば本来おとなしくして核開発の成功まで待つことが得策と思うのですが、そこまで待てずに暴発する可能性が高いと思います。結局イスラエルとイランの対立は決定的になってくると思います。中東はいずれ想像を超える大混乱が避けられないように思うのです。

そういう意味では日本で唯一の国産の資源会社であるＩＮＰＥＸは、さまざまなリスク回避という点でも押さえておきたい銘柄です。

ＩＮＰＥＸは〈アバディ〉と名づけた大規模なガス田の開発をインドネシアで目指しています。現在は試掘、調査を進めている段階です。２０２４年末から２０２５年基本設計を終えるとしています。同社はすでにオーストラリアの天然ガス開発事業〈イクシス〉で大成功しています。今回の〈アバディ〉の挑戦も日本の国益を背負ってのもので、成功が期待できると思うのです。何しろ日本では資源がない。その資源を開発するＩＮＰＥＸはまさに国策会社です。当然、日本政府の大々的なバックアップがあらゆる面から期待できます。〈国策に売りなし〉ということでＩＮＰＥＸは押さえておきたい銘柄です。

さらにＩＮＰＥＸ株は割安です。11月１日時点でＰＥＲは６・８倍、ＰＢＲは０・58倍、配当利回りは４・28％です。特に東証が旗を振ってＰＢＲ１倍割れを回避するように要請しているのに、経済産業省がバックについているＩＮＰＥＸがＰＢＲ１倍割れの０・56では恰好もつきません。国策会社としてＩＮＰＥＸ自体も株価引き上げにまい進すると思います。そもそも割安であり、日本で最大の資源株であり、たとえ上がらなくとも配当利回りは４・28％もあるのですから、じっくり投資して損はないと思うのです。

8306 三菱UFJフィナンシャル・グループ

金利上昇局面で不動の本命

9101 日本郵船

高配当は魅力

5802 住友電気工業

データセンター向け光部品の伸びに期待

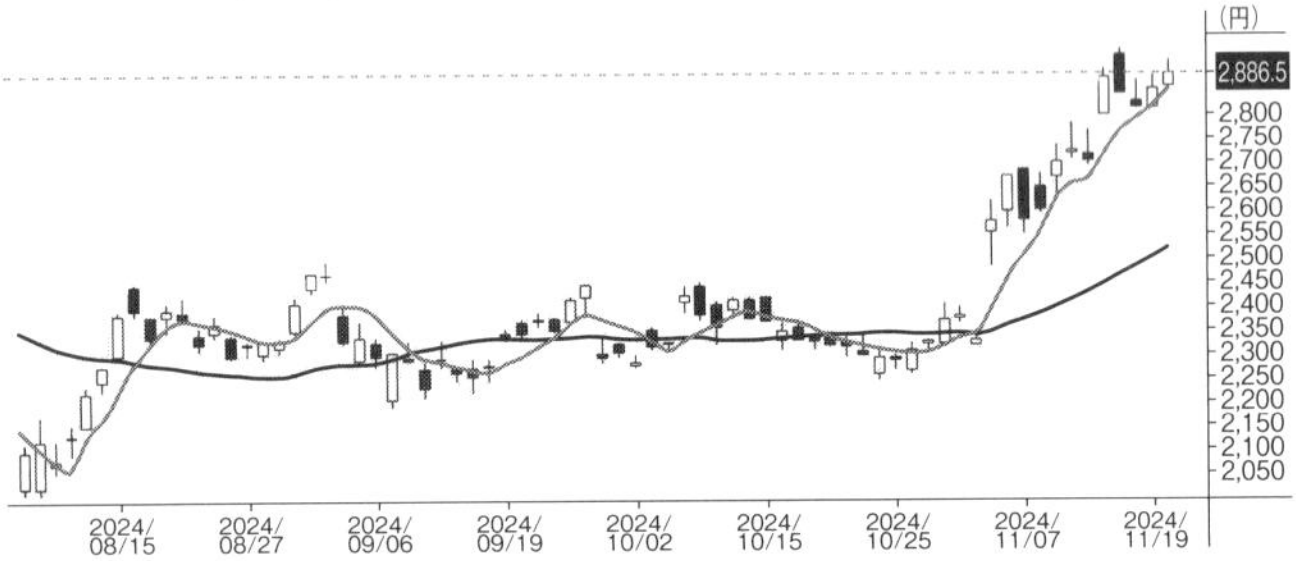

6226 守谷輸送機工業

業務用エレベータ大手　同業とのPER比較で割安

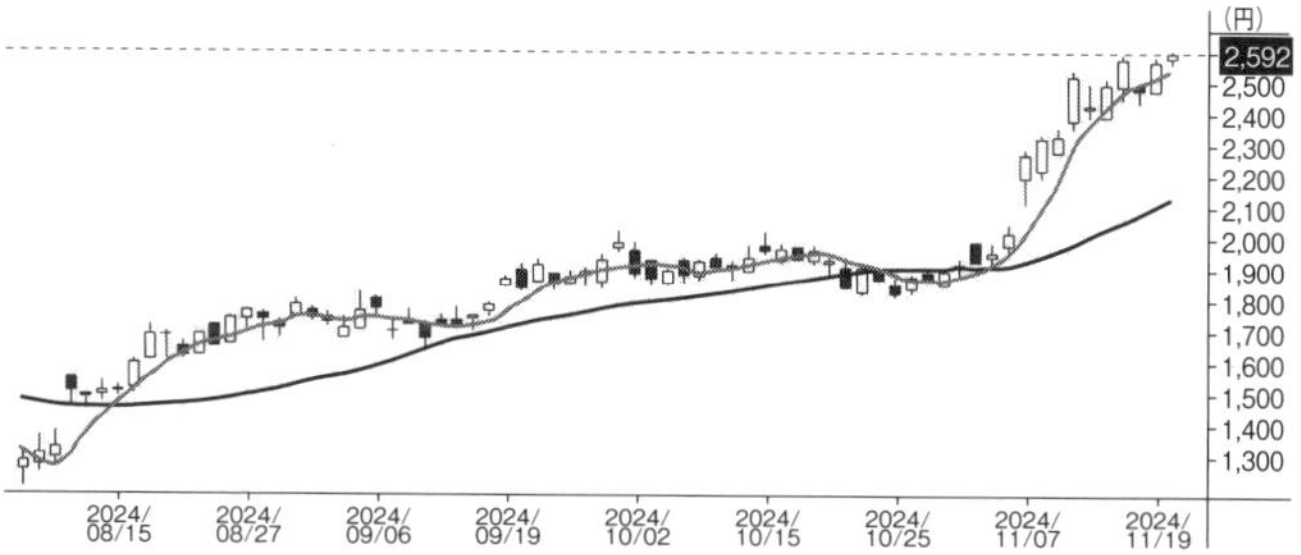

7013 IHI

防衛関連大手の一角

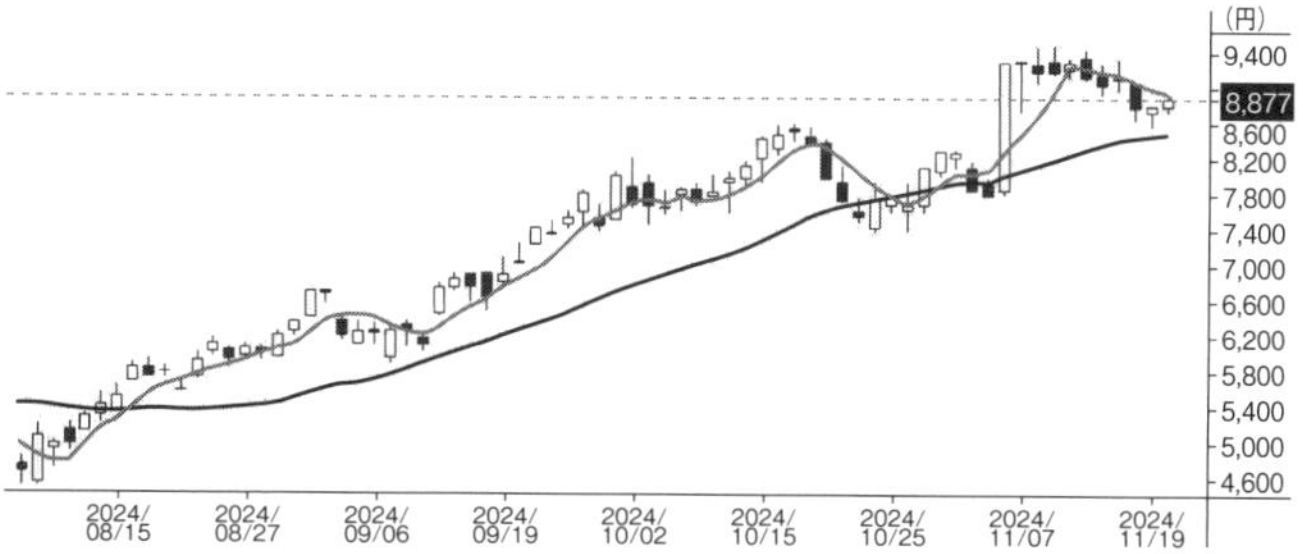

6787 メイコー

プリント配線板、製造大手　衛生通信受信端末が業績押し上げ
AI用需要にも期待高まる

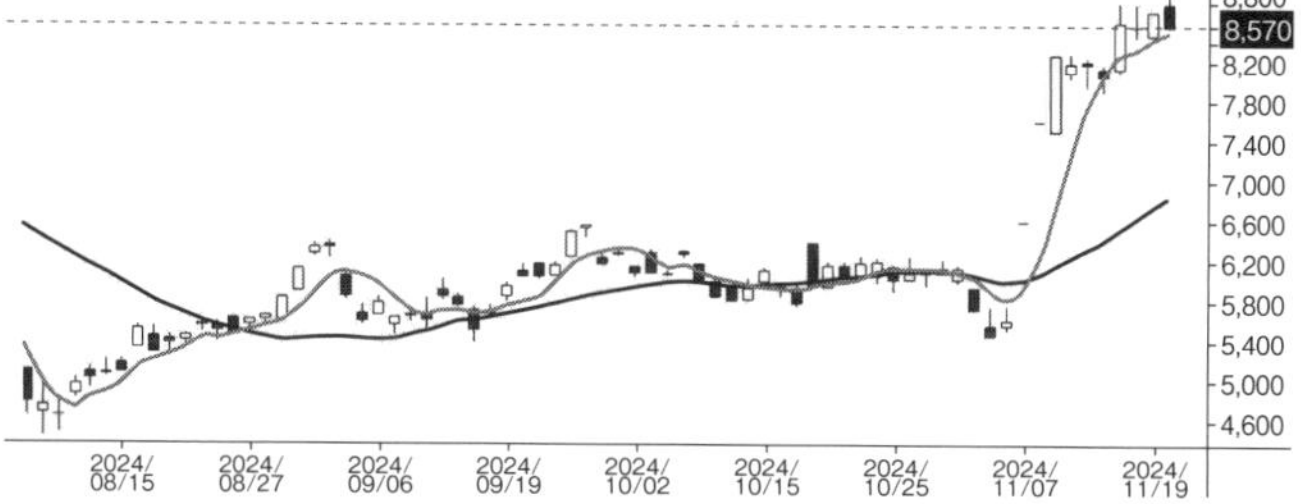

9556 INTLOOP

ITに強い専門フリーランス4万人超登録
IT専門職人材不足でアウトソーシングの動き強まる

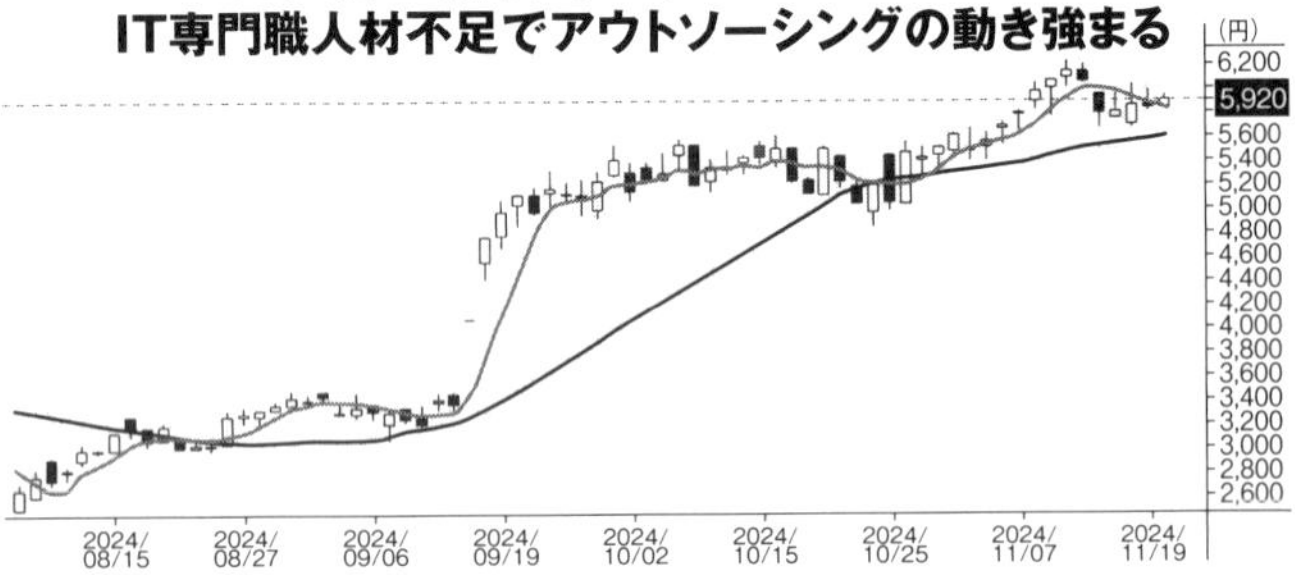

4503 アステラス製薬

特許切れあるが新製品が伸びる

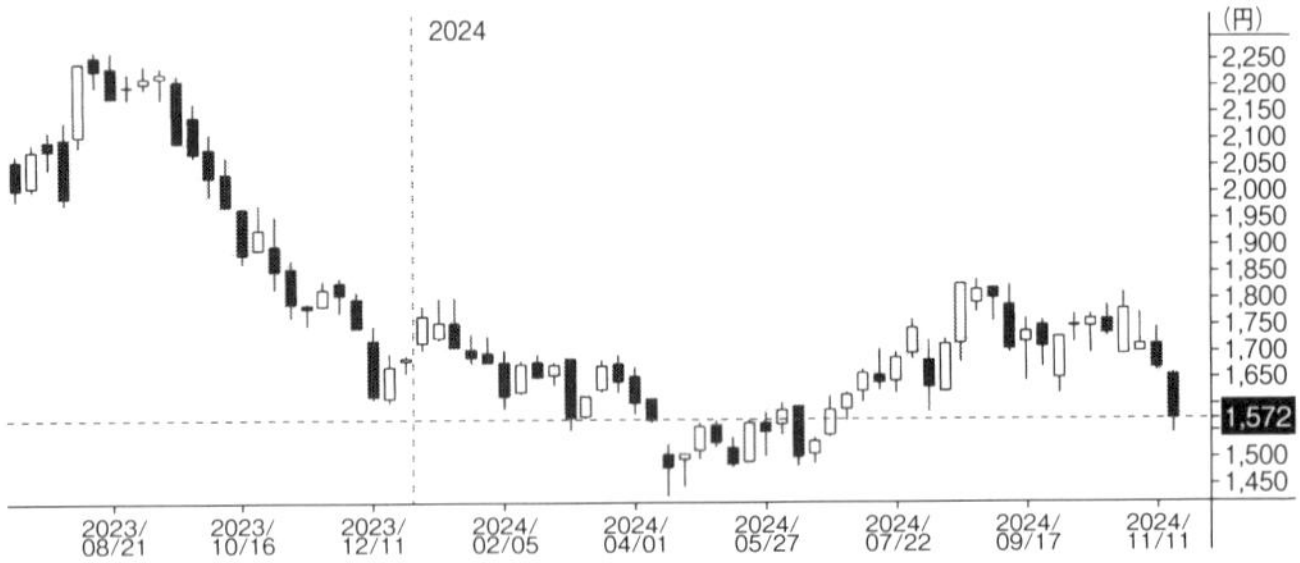

4578 大塚ホールディングス

抗精神病薬 好調

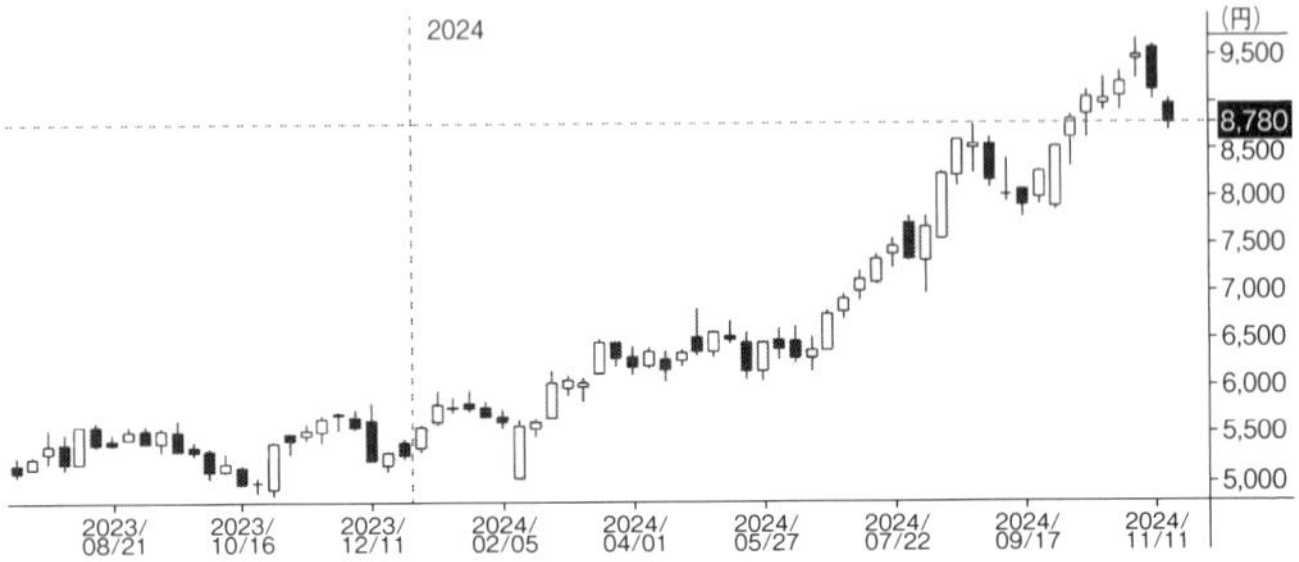

4519 **中外製薬**

業界トップ ダントツの利益率

ナスダック **AppLovin（アップラビン）**

AIを活用した広告最適化技術

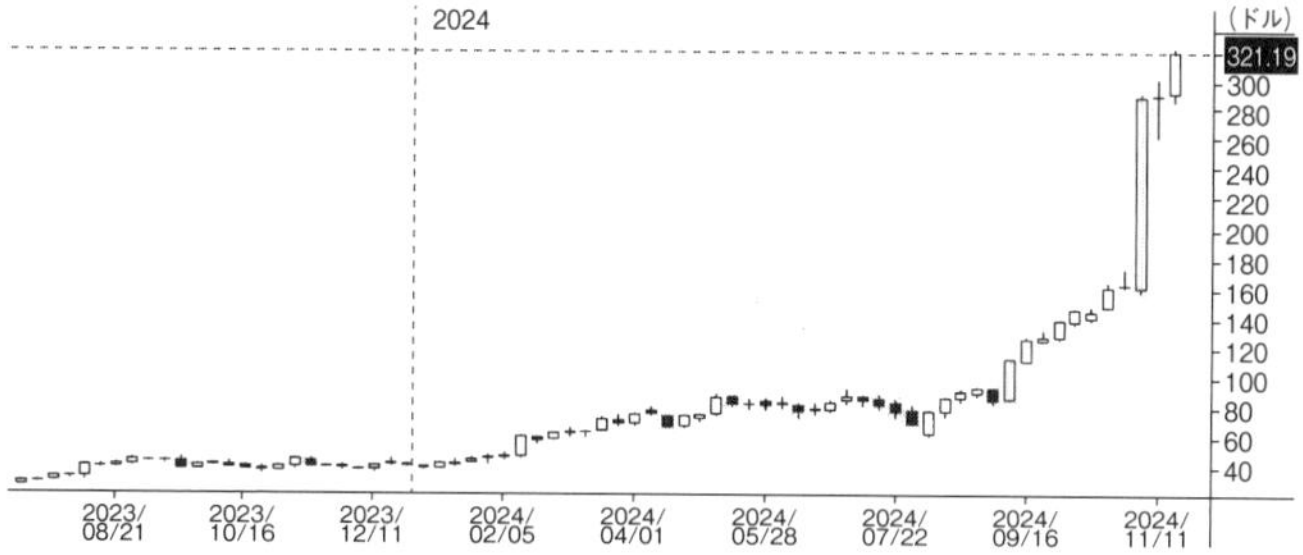

NYSE **Goldman Sachs Group（ゴールドマン・サックス・グループ）**

世界最強の投資銀行 金融規制緩和で恩恵

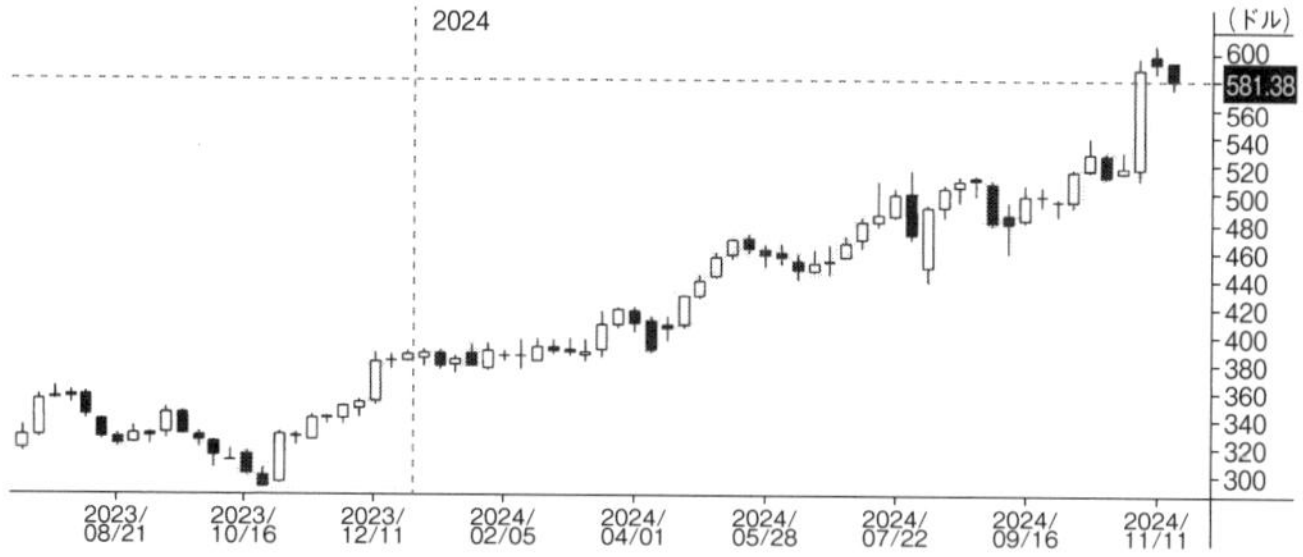

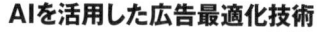

ナスダック Amazon.Com（アマゾン・ドット・コム）

クラウドサービス世界一　AIが早期に収益化か

NYSE Blue Owl Capital（ブルー・フクロウ・キャピタル）

未公開株式に投資するファンド

NYSE Palantir Technologies（パランティア・テクノロジーズ）

AIとビッグデータ分析で突出した技術

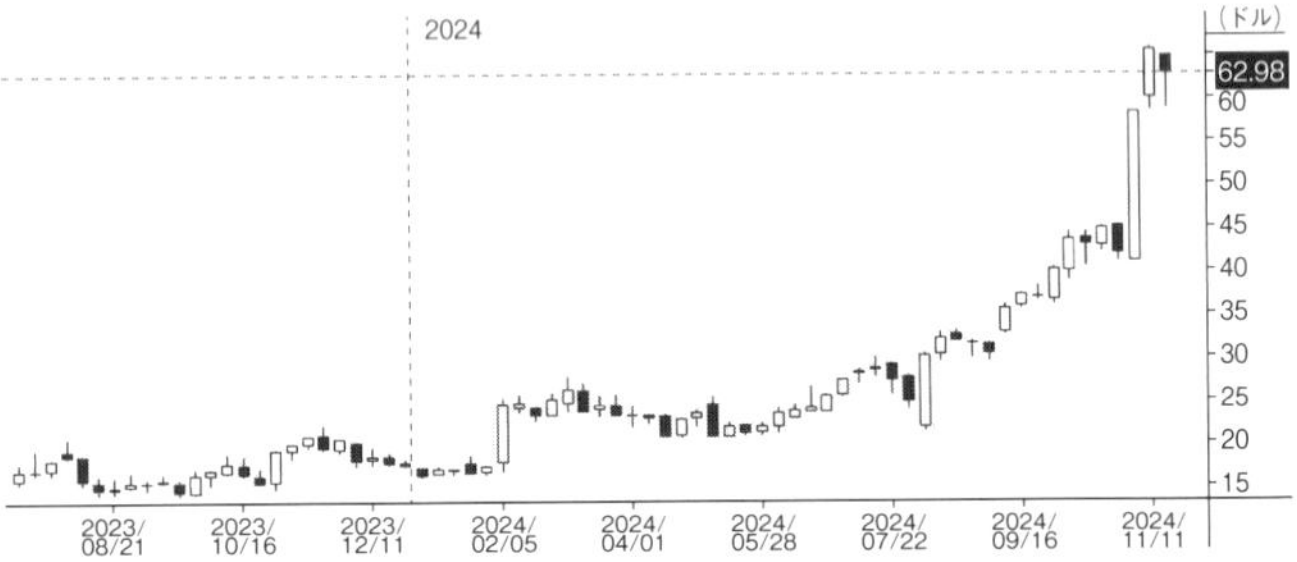

〔著者略歴〕
朝倉 慶（あさくら・けい）
経済アナリスト。(株) アセットマネジメントあさくら代表取締役社長。1954 年、埼玉県生まれ。77 年、明治大学政治経済学部卒業後、証券会社に勤務するも 3 年で独立。顧客向けに発行するレポートで行った経済予測がことごとく的中する。故・船井幸雄氏が著書のなかで「経済予測の超プロ・K 氏」として紹介し、一躍注目される。『株高・資源高に向かう世界経済入門 株がバブルというウソ』『アメリカが韓国経済をぶっ壊す！』『2013 年、株式投資に答えがある』『すでに世界は恐慌に突入した』（以上、ビジネス社）、『株の暴騰が始まった！』『世界経済のトレンドが変わった！』（以上、幻冬舎）、『暴走する日銀相場』『株、株、株！ もう買うしかない』（以上、徳間書店）など著書多数。

トランプ・インフレが世界を襲う

2025年 1 月 1 日 第 1 版発行

著 者 朝倉 慶
発行人 唐津 隆
発行所 株式会社ビジネス社
〒162-0805 東京都新宿区矢来町114番地 神楽坂高橋ビル 5 階
電 話 03(5227)1602（代表）
FAX 03(5227)1603
https://www.business-sha.co.jp

印刷・製本 株式会社光邦
カバーデザイン 大谷昌稔
本文組版 茂呂田剛（エムアンドケイ）
営業担当 山口健志
編集担当 本田朋子

ISBN978-4-8284-2556-6